你的第一本
保险指南

槽叔 / 著

中信出版集团 | 北京

图书在版编目（CIP）数据

你的第一本保险指南 / 槽叔著 . -- 北京：中信出版社，2018.9（2025.7 重印）
ISBN 978–7–5086–9315–6

I. ①你… II. ①槽… III. ①保险－中国－指南 IV. ① F842.6–62

中国版本图书馆 CIP 数据核字（2018）第 175254 号

你的第一本保险指南
著者： 槽叔
出版发行：中信出版集团股份有限公司
（北京市朝阳区东三环北路 27 号嘉铭中心 邮编 100020）
承印者： 北京盛通印刷股份有限公司

开本：880mm×1230mm 1/32 印张：8
插页：2 字数：135 千字
版次：2018 年 9 月第 1 版 印次：2025 年 7 月第 21 次印刷
书号：ISBN 978–7–5086–9315–6
定价：49.00 元

献给聪聪和小高兴

目 录

当焦虑的中国新中产，遇见拧巴的保险

每天我都能在“槽叔”公众号后台收到保险的咨询，我发现一个普遍现象，毕业后三五年，甭管你是单身还是已有家庭，都开始关注一个问题：我该买什么保险？这千篇一律的剧情，可能也是你人生的写照。

虽然销售保险产品并不是我的本职工作，但身边的朋友经常向我咨询如何买保险。尤其是在女儿出生后，问题变得更简单了——似乎我只要告诉别人我给我闺女买了什么保险，就能解决他们的问题了。

但是，不同的个体和家庭面临的风险是不同的。百分百地参照他人，只能是照猫画虎。这也让我意识到，让更多的人了解保险、学会配置保险，比一个一个地分析保险方案，更有价值。除了生活里的保险解答，自身的工作也带给了我更多、更深的感触。我的第一份工作是在国内最大的寿险公司里做战略规划。对于一个刚出校园的毛头小子而言，所谓的“战略规划”不过是收集和整理公司和行业的数据资料，对比不同公司的主要保险产品，然后写报告、做图表，没什么特别的。

但大量数据和产品背后也折射出保险行业的许多现象，它们一度让我百思不得其解。

比如，我国保险市场虽然保费规模大，但风险保额少。也就是说，每年几万亿元的保费，大部分都是为了理财和赚钱，真正希望解决疾病、死亡等人生风险的并不多。

再比如，保险市场的产品虽然复杂难懂，但销量屡创新高。在熬夜加班的深夜，我和同事不止一次地对着窗外鳞次栉比的高楼，叩响内心最大的疑惑：这么烂的产品是怎么卖出去的？

过去的一年里，我通过微信公众号（“槽叔”）和与第三方独立测评机构合作等方式，多管齐下地宣传、普及保险知识。

在这个过程中我发现，科学地普及保险知识与推广保险理念，这件事的价值不仅在于让更多的人了解保险，更在于它能潜移默化地帮助你塑造一种思维方式。

即使受过良好教育，接受过某学科的专业训练，我们有时依然会在逻辑分析、人际表达、信息沟通等方面感觉力不从心。用科学的逻辑思维解决生活中实实在在的问题，这种能力影响着我们的生活品质。保险的自我规划，就是一例。

筹划保险时，不知从何下手？这也许是因为我们没有按照优先级的逻辑，梳理家庭保障需求的能力。买到自己不需要的保险？这可能是因为无法在人际沟通中有效表达自己的想法，或者无法准确分辨出保险销售员口中的“事实”和“观点”，最终陷入销售套路。每年保费太多、家庭开支压力太大？这也许是因为我们忽视了合理分配家庭现金流支出的重要性。

这种讲道理、重逻辑的思维，不仅让保险回归保障的本源，也可以真正做到为你自己负责、为家人负责。毕竟我们买保险花的每一分钱都是辛辛苦苦挣来的，弄清楚为何而花，很有必要。

在这本书的第一章里，我会首先解答你所有关于保险的疑惑和顾虑。毕竟，从来没有哪种商品像保险这样，让人爱恨交加。爱它，是因为我们都知道保险非常重要，对于漫长人生中可能发生的风险，保险的重要性无可代替。既然能翻开这本书，相信你也是认同这句话的。“恨它”，是因为我们虽然认同保险的价值，却也听过太多关于保险的负面评价——抱怨算是轻的，咒骂甚至全盘否定的观点也不少。

所以，对于不少人来说，他们和保险之间的关系是“拧巴”的。拧巴这个词，是稍带北京气息的方言，你大可将其理解为纠结、难搞、无力吐槽。希望当你读完前几篇文章，在豁然开朗的同时，能以平和的心态，听我把保险的脉络娓娓道来。祝你阅读愉快。

盲人摸象话保险

几年前，因为发现妻子怀孕，我们取消了筹备半年多的美国之行。

去美国是我们很早之前就着手规划的旅行，一来想去看看和图书、电影里不一样的美国；二来也可以探望一下在美国读书工作的老朋友。

旅行取消了，早早支付的机票钱眼看也要打水漂儿——由于预算有限，我们在选择打折机票的同时，也放弃了全款退票的权利。这笔两人共计 1 万多元的损失，似乎不可避免了。

当我郁闷地重新整理旅行资料时，无意中看到了我在申请签证时购买的境外旅游保险，其中包含一个名为“旅行取消”的责任，具体内容如下：

> 当被保险人或其配偶被诊断出怀孕，需要取消原定行程时，对被保险人已预先支付但未使用且无法退回的交通、住宿、门票及其他本保险合同明确列明的旅行产品的费用，保险人按照本保险合同约定负责赔偿。

现在，旅游意外险已经很少包含“意外怀孕”这个责任了，但当时的条款有，所以我 1 万多元的机票和 6 000 元多的宾馆费用全部获赔。①

倘若没有购买这份保险，我们这趟旅行的预支款项就损失掉了，内心难免郁闷，但毕竟这是不可抗力因素导致的。更何况，妻子怀孕本来也是令人开心的事情，我们并不会因为损失这笔钱而太过沮丧。当然，可以把这笔钱拿回来的时候，绝大多数人的想法一定是：真的挺不错的。其实这种感觉我们平时也有过。例如，当你在淘宝购买了一份七天无理由退换货的商品，对商品不满意并打算退货时，忽然发现店铺为你购买了一份退货运费险——12 块钱的运费，保险公司帮你出了。

不管是上万元的旅行开支，还是十几元的快递费，我们得到的这些补偿都源自不经意间的一个行为——提前购买了一份可能并没有搞懂的保险。此时，对于消费者而言，保险是一种可爱又美好的存在。

如果只是让保险业来解决行程取消导致的机票损失、退货带来的快递费损失，那你也太小瞧它了。帮你应对人生中生老病死的风险，才是这个行业的基本要义。

1 000 个读者眼中有 1 000 个哈姆雷特，1 000 个消费者眼中也有 1 000 个关于保险的标签。如果让我解释“盲人摸象”这个成语，我一定

① 每个人赔付约 15 000 元，旅行取消的保额为 20 000 元。

会拿保险来举例。

当我享受退货运费险带来的十几元的“小确幸”时，保险的作用就是为我解决小额的资金损失。这时我摸到的可能是大象的鼻子。当我发生车祸，保险公司出动紧急救援车队时，保险的作用就是为我提供应急服务。这时我摸到的可能是大象的尾巴。当我选择购买一份保证本金和收益的万能险时，我是在进行投资，保险的作用就是让我的资产保值增值。这时我摸到的是大象的耳朵。当我选择购买一份重大疾病保险时，我进行的是一项潜在风险的补偿行为，保险的作用就是帮我应对巨额财务危机。这时我摸到的是大象的肚皮。

你看，我很难用简单的三言两语告诉你保险是什么。但我可以肯定，在刚才提到的这些案例中，一定有一款适合你，也是你需要的。

从小额资金损失到巨额财务危机，保险的责任由小及大。在这个过程中，更大的责任往往伴随着更高的预期，这也产生了令保险被误解的基础，让我们很容易形成诸如“谁都可以买保险，保险公司就该赔我钱，买保险时能不花钱就不花钱”的惯性思维。

说到底，购买保险的前提在于权利和义务的对等，当你在心中形成对保险的认知和预期时，保险公司也同步形成对你的认知和预期——双方有了共识，保险这种契约才有存在的基础。

这可能才是保险本来的样子。

01

破除误会：我们真的了解保险吗？

理赔似乎特别难

搞清楚三明治里是鸡肉还是牛肉其实并不难，难的是分清楚到底是火鸡肉还是乌鸡肉。对于同一句话、同一个词，不同的人可能有不同的理解，这才是麻烦所在。

假设有件商品，你看不见也摸不着，只能“脑补”它的价值和作用。更要命的是，身边还有很多人对你说：你的这些脑补可能都是假的。那你还会买吗？

保险就是这样一种商品。当你犹豫许久打算购买时，却隐约想起不知在哪儿看到的“出了事保险公司不赔钱”的新闻，心里忍不住打鼓——算了，先不买了吧。

“得益于”部分媒体的推波助澜，“保险不赔”成了全社会热议的话题。站在新闻的角度看，这种故事往往充满冲突和矛盾，体现了普通人和大公司之间的对立，提升了报刊的销量和关注度，最终也变成了实打实的广告费。

对于每个普通人来说，购买保险都属于大额消费——动辄成千上万的消费决策，遇到了不确定的因素，心里难免打鼓。所以，把保险赔付的问题讲清楚，起码能让我们今后心平气和地正视保险。

发生的事故不在保险范围，不能赔付

保险公司赔不赔，首先取决于申请理赔的这件事是否在保险责任范围内。举个新闻事件当例子，可能更便于理解：

> 王大妈腿脚不灵便，周末下楼时不慎摔伤，造成大腿韧带拉伤，住院一个多星期，除去医保报销，自费部分花掉2 000多元。她想起半年前通过保险代理人买过一份意外险，便向保险公司申请理赔，未曾想遭到拒赔，理由是王大妈购买的意外险只包含意外身故和意外伤残两项责任，并不包含意外医疗责任；而且王大妈的受伤情况也远未达到伤残标准，相当于这份保险“白买了”。
>
> 保险代理人信誓旦旦地说，当时大妈图便宜而挑选了不含意外医疗的产品，一年只要50多元，如果包含意外医疗责任，保费要250多元。王大妈却说，代理人明明没有和她说过这些，她买的时候以为什么都保。保险公司则表示无奈，合同里白纸黑字写的，公司怎能为没有承保的风险赔钱呢，这样做的话对于多花200多元买保险的消费者来说，谈何公平？

当我们试图还原王大妈摔伤的“真相”时会发现：投保人与保险公司各执一词，莫衷一是。而一旦这类事件被某家媒体报道，再配以“黑心保险公司只保死不保生”之类的标题，只会令读者更加相信：一旦出了事，保险公司只会想方设法不赔钱。

一起意外事件可能带来两种结果，一是受伤，二是身故。如果一份意外险只涵盖意外身故，因为意外导致的受伤就无法获赔。市面上的保险产品多种多样，每个产品的功能和特点也不尽相同。如果我买了一份鸡肉三明治，咬了一口却发现三明治里没有鸡肉，这就有问题了。到底是我买的时候没搞清想要牛肉还是鸡肉，还是商家供应出错？买卖双方多花点儿时间，弄清产品介绍、核查产品名称，就可以最大限度地规避这类问题。

搞清楚三明治里是鸡肉还是牛肉其实并不难，难的是分清楚到底是火鸡肉还是乌鸡肉。对于同一句话、同一个词，不同的人可能有不同的理解，这才是麻烦所在。

比如，不少人误以为猝死也是一种意外。整晚熬夜工作以致猝死，怎么能不算意外呢？但医学上对于猝死的定义是：因疾病而突然死亡。保险公司也将猝死责任视为因突发疾病导致的身故。

我们当然可以把猝死作为一项额外责任，加到意外险的产品里，但这必然导致意外险产品价格的提升。或者，我们也可以选择购买一份寿险（对身故的原因不做限制），这样可以弥补一些猝死带来的损失。

不光是意外险，近年来越来越多的人关注的重大疾病险，其实对于每种疾病都有明确的定义。比如，单单"癌症"二字，不足以清楚表达疾病的定义。原位癌（癌症的早期形式）从字面上看也属于癌症，但治愈率极高且花费不多，便不属于保险条款规定的重大疾病。所以，我们不能简单地说重大疾病险"只要是癌症就能付"。

其实为了解决类似的"误读"，保险条款会专门针对这类容易引起歧义的内容做额外说明。比如，意外险的条款里会出现“猝死不在保障范围”，重疾险里也会出现“原位癌不属于恶性肿瘤”之类的表述。

看来，卖三明治的商家以后得多长个心眼，最好把三明治的名字改为：

> 两块切成三角形且去除饼边的全麦面包片包裹下的经水煮后裹上面粉油炸的本地产走地鸡的鸡胸肉（注意：本店不接受以鸡肉肥瘦口感偏好为由的退货。）

客户未如实告知自身情况，不能赔付

如果保险公司在理赔时发现客户在投保时存在隐瞒甚至欺骗的行为，保险公司自然无法承担保险责任。这时候保险不赔的这口“锅”，肯定要由客户来背了。

有些人明知自己身体有问题，但依然带病投保。为了防止逆选择，保险公司做过很多努力，比如，设置等待期（即买完之后需要过一段时间出险才会赔付），限制最高保额，要求填写健康告知（包含职业告知、健康情况告知、家庭病史告知等内容，意在防范带病投保、危险职业投保），为健康指标不明确的客户安排体检等。但方法再多，依然有人铤而走险。

这类事件非常多，随便举一个这两年发生的案例：江苏的高先生在得知自己罹患甲状腺癌后，三个月内从十几家保险公司购买了重大疾病险，保额总计近 800 万元。高先生自己是医生，妻子是保险代理人，夫妻俩联手上演了一出骗保案件。高先生为了不在医疗系统里留下自己的就诊记录，通过化名在其他医院做检查。但经济犯罪侦察队和保险公司找来了甲状腺领域的专家，判断出化名患者的检查报告和高先生本人的病理特征相吻合。

《中华人民共和国保险法》（以下简称“《保险法》”）第十六条对这类行为有明确规定：

> 投保人故意或者因重大过失未履行前款规定的如实告知义务，足以影响保险人决定是否同意承保或者提高保险费率的，保险人有权解除合同。

这里的“故意或者因重大过失”包含两种情况。一种是“我故意不告知”。比如，在上文那个骗保案件里，丈夫是医生，妻子是代理人，明知投保人的病情却不告知。在这种情况下，且不说他们的行为是否涉嫌欺诈罪，保险公司肯定连保费都不会退还。另一种是“我无意中没告知”。比如，健康告知里明确写了“最近1年内是否有血液检测结果异常”的细项。某客户在半年前的一次体检中，某项血液指标显示异常，体检报告上也有标注，但他投保时忘记了半年前的这件事。

投保后一年左右，该客户确诊患重型再生障碍性贫血，保险公司经核查发现，体检时的这项血液指标属于疾病的重要征兆，客户应在投保时告知。如果客户如实告知，保险公司便不会承保。在这种情况下，客户更多是无意的、非主观的，所以可以拿回已交保费。但到了这个时候，退还保费并无太大意义，没有获得赔偿才是问题所在。

其实客户“因重大过失而未尽告知义务”这个问题，在实际案例中经常出现扯皮的情况，最终成为保险理赔纠纷中的常见难题。

客户的不告知到底是故意的还是无意的，保险公司要对此给出合理的推理、判断和证据。如果客户的某些既往病症持续多年且客户已经多次就医，甚至病情比较严重，那无论如何客户本人都是不可能不知情的。这类问题频繁见诸报端，自然会加深客户对保险的不信任感。

条款过于严苛，不能赔付

说了这么多保险不赔的原因，看上去似乎和保险公司都没有什么关系，真的是这样吗？

当然不是，“保险理赔难”这口锅，保险公司也要背。出了问题就一刀切地撇清责任，不是一个负责任的行业应有的态度。赔付相关问题中最突出的就是：保险条款内容艰涩，有些标准较为苛刻。其中以重大疾病险对于疾病的定义最为突出。

疾病的定义虽然详细，但有时在疾病判断上也存在疑点。比如，急性心肌梗死的定义是：新近的心电图改变提示急性心肌梗死；心肌酶或肌钙蛋白有诊断意义的升高，或符合急性心肌梗死的动态变化。

坦白讲，大多数消费者都不是学医出身，有些疾病描述本就拗口、难以理解。比如，所谓的“有诊断意义的升高”，这到底是什么意思呢？是不是医生说升高就算升高呢？

看起来，这里的问题在于，说法太过宽泛，不够细致。但如果规定得太细，一样会引发消费者质疑。个别重疾甚至连治疗方法都得按照条款的规定走，不仅保险消费者看不懂，就连专业医生也表示不太理解。

保险业这种不顾实际情况的咬文嚼字，连中华人民共和国保险监督管理委员会（以下简称“中国保监会”）都看不下去了。早在2006年，中国保监会发布的《健康保险管理办法》中就有规定：

> 保险公司在健康保险产品条款中约定的疾病诊断标准应当符合通行的医学诊断标准，并考虑到医疗技术条件发展的趋势。健康保险合同生效后，被保险人根据通行的医学诊断标准被确诊疾病的，保险公司不得以该诊断标准与保险合同约定不符为理由拒绝给付保险金。

中国保监会在2017年修订《健康保险管理办法》时，上述内容得到保留，而且关于消费者保护的内容更多、力度更大。精确、可量化本来就是专业、高效的代名词。只是在保险理赔领域，可量化的标准和实际操作情况两者之间的平衡确实太难掌握了。

定义疾病的是中国保监会，说疾病定义有值得商榷之处的，也是中国保监会，仅此一点，就足以说明这件事有多拧巴了。

说白了，规定尽可能详细、明确，是为了防范居心不良之人，但在实际操作时，好人有时也会被误伤。令人宽慰的是，这种误伤是可以被修复和纠正的——针对诉求合理的理赔纠纷，司法体系是站在消费者这边的。在涉及这类问题的法律纠纷中，获得法院支持的往往是消费者一方。

所以，只要你做到了明确了解保险责任、如实告知自身情况，对于所谓的理赔严苛问题，大可不必担心。

从“求我买”，到“我要买”

当你希望保险为你解决疾病、身故等状况带来的风险时，本质上，你就不是在买保险，而是在“申请”保险了。

我曾听到一个有趣的说法：当你想买保险的时候，也是你正式步入中年的时候。当我们看到身边一个个因为疾病、意外遭受重创的家庭后，便本能地寻求外界的帮助，以缓解自己的中年危机。这个时候，回过头看看我们曾经嗤之以鼻的保险，似乎也并非一无是处。

但如果你真的人到中年才想起买保险，那还真不一定买得了保险。这里所说的“买得了”，指的是保险公司愿意销售保险产品给你。

乍听起来，有点儿难以置信。保险明明都是求着我买的啊，铺天盖地的宣传、无处不在的销售，保险公司怎么会拒绝卖给我保险？这显然不符合大多数人的印象。

事实上，当你希望保险为你解决疾病、身故等状况带来的风险时，本质上，你就不是在买保险，而是在“申请”保险了。接下来我会告诉你，为什么我们需要申请保险，怎样才能申请到保险。

核保师与健康告知

当我们希望保险公司为我们承担疾病、身故、意外带来的风险时，其实我们是在和保险公司做一笔交易——消费者给钱，保险公司做出承诺。这笔交易其实可以被视为一个赌局，消费者以自己的健康乃至生命做赌注，换取一笔潜在的赔偿金。

如果想增加自己赢得赌局的概率，我们可以采取下面几种方法：

第一，已经得病，甚至病入膏肓，这时候买保险，很快就能获得理赔；

第二，很可能要得病了，赶快去买保险，这样也有很大的概率获得理赔；

第三，经常从事危险工作，或者长期处于高风险环境，发生意外的概率很高。

但保险公司可不是好糊弄的，为了防止消费者采取上述手段，便会在赌局设立之前（也就是你投保之前）委派特殊工作人员，对你义正词严地做出一系列约定，以确保你的情况不属于上述三种。

这里的特殊工作人员指的是核保师，一系列约定指的是健康告知。

举几个例子，可能更便于你理解：和健康人相比，一位慢性乙肝患者在未来身患肝癌的概率显然高很多；从事高空作业的玻璃幕墙清洁工，发生意外的风险会显著高于天天坐在办公室里的白领；酷爱极限运动或每个月都登山、潜水的年轻人，发生意外的概率也比“宅男宅女”高出不少。

核保师的工作职责就是识别出这些大概率风险，并将这类人群拒之门外。他们的首要“武器”，就是健康告知。

读到这里，你可能会隐约觉得：保险业太不通情达理了，这不是明摆着搞歧视吗？事实上，保险业之所以能正常运转，并成为社会的“维稳器”，正是因为它拒绝“通情达理”，坚持“歧视”。

健康告知的存在，使保险得以实现最大程度的公平。每个商品都有自身的价格，比如，宜家家居畅销的“索德汉”沙发，其价格是基于材料成本、人工成本、运输成本、仓储成本、营销成本等因素综合制定的。保险的定价本质上是对风险的定价：为了将来可能获得的 10 万元补偿，你今天要给我多少钱？在同样的价格条件下，如果 A 的风险远高于 B，那对 B 而言，这种定价方式显然谈不上公平。

健康告知，可以被看作核保的第一道防线，这道防线主要包含三部分内容：

健康问询：是否有疾病或住院记录等。这是健康告知中最主要的部分，因此，很多核保师都是医生出身，毕竟有了医学方面的专业知识，才能准确把握健康问题的严苛尺度。

职业问询：是否从事高危行业。对于高空清洁工、武警战士等职业的从业者来说，他们面临的风险明显更高。

生活问询：是否吸烟、酗酒（酒精依赖），是否有极限运动等危险性高的业余爱好等。

除了这三类问询，其他问询还会零散地涉及客户的保险购买情况等。当我们对照自身情况挨个看完健康告知后，会收到核保师的核保结论，内容不外乎以下 4 种：

结论一：标准体。恭喜，你完美地符合健康告知中的所有要求，可以直接投保，无须做补充告知。

结论二：次标准体。可能有少数几条不符合健康告知，但考虑到基本在可接受范围内，保险公司就“勉为其难”地允许你投保了。当然，有个前提条件：要么增加保费，要么接受除外责任。增加保费很好理解，别人花 1 000 元能买到的风险，收到次标准体健康告知的客户可能要额外支出 200 元。除外责任指的是保险公司考虑到投保人当前的健康状况，将特定疾病排除在责任范围之外，其他责任保持不变。比如，如果投保人的体检结果显示甲状腺结节，即便结节是良性的，保险公司也会把甲状腺癌及转移癌排除在责任范围之外。

结论三：延期。保险公司考虑到你的某个健康问题，暂不接受你的本次投保申请，建议过一段时间再来试试。至于要等多久，不同公司、不同产品、不同疾病的情况皆不一样。保险公司的意思说白了就是：你当下的风险过高，等等再说吧。遇到延期，我们应当分情况看待。比如，对于早产儿，通常要等到 2 岁以后才能申请投保；你当前某项血液指标异常，可能是因为最近半年的饮食过于油腻，且缺乏锻炼，假如花上半年时间锻炼以恢复体质，便很容易成功投保。但如果导致延期的是慢性疾病，可能短期内无法恢复，在这种情况下，我们会无奈地将延期看作“死缓”——和拒保没什么区别。

结论四：拒保。对不起，你的身体健康状况不符合健康告知的要求，相当于被保险公司判了“死刑”。

健康告知，到底怎么告知？

表 1-1 是一份重大疾病险的健康告知，内容很多，颇为详细。不少消费者看完后一脸迷茫：我到底该怎么告知呢？

表 1-1　重大疾病险健康告知

被保险人健康告知	
1. 是否每日吸烟支数 × 烟龄（年）>400？	□是　□否
2. 是否参与跑酷、滑翔、攀岩、探险、搏击、赛车、蹦极等极限运动?	□是　□否

（续表）

被保险人健康告知	
3. 最近 1 年，是否有淋巴结增大、胸痛、胸闷、气喘、咳血、痰中带血、呕血、持续吞咽困难或哽噎感、反复腹泻、腹痛、血尿、蛋白尿、便血、浮肿或水肿、皮肤出血点、反复头痛、眩晕、体重下降超过 5 公斤（非健身及减肥原因）？	□是　□否
4. 是否提交过人身保险理赔申请，或 5 年内有住院，或 2 年内有门诊就诊？本项不包括顺产、人工流产、龋齿、牙周炎、感冒、鼻炎、鼻窦炎、急性支气管炎、颈椎病、急性胃肠炎、胆囊炎、胆囊结石、阑尾炎、脂肪瘤、皮脂腺囊肿、皮炎、癣、皮疹。	□是　□否
5. 过去 2 年是否有心肺听诊、超声、心电图、脑电图、肌电图、X 线、CT、造影、核磁共振、内窥镜、病理活检、眼底、血液、尿液、细胞学检查结果异常？	□是　□否
6. 是否被保险公司拒保、延期、加费或除外责任承保？	□是　□否
7. 是否有智能障碍？是否听力下降、耳聋，或高度近视 1000 度（含）以上？是否身体发育异常、残疾、畸形或功能障碍？	□是　□否
8. 是否曾经或目前有：	
（1）癌症、肿瘤、白血病、原位癌、非典型增生、黑痣增大或破溃；体表或体内肿块、息肉、结节、囊肿；器官移植；影像学检查异常密度影、低密度团块或磨玻璃密度影；	□是　□否
（2）甲状腺结节、甲状腺功能亢进、甲状腺功能减低、甲状旁腺腺疾病；糖尿病、糖耐量异常、肾上腺疾病、库欣综合征；风湿病、类风湿性关节炎、痛风、红斑狼疮、强直性脊柱炎；	□是　□否
（3）高血压病、心律失常、冠心病、心肌缺血、心绞痛、心肌梗死、心功能不全；	□是　□否
（4）心肌炎、心肌病、心脏瓣膜病、风湿性心脏病、肺动脉高压、肺源性心脏病、心内膜炎、心包炎、心包积液、川崎病、动脉瘤、动脉夹层、动脉粥样硬化、动脉斑块、静脉血栓；	□是　□否

（续表）

被保险人健康告知	
（5）脑中风、蛛网膜下腔出血、脑炎、脑膜炎、脑血管瘤、脑动静脉畸形、短暂脑缺血；抑郁症、焦虑症、精神分裂症、自闭症；	□是 □否
（6）癫痫、帕金森病、肝豆状核变性、阿尔兹海默病（老年痴呆）、多发性硬化、肌无力、肢体麻木、脊髓疾病、垂体疾病、下丘脑疾病；	□是 □否
（7）乙肝表面抗原阳性、肝炎、重度脂肪肝、丙肝抗体阳性、肝硬化、多囊肝、胆囊息肉、食管静脉曲张；	□是 □否
（8）胰腺炎、萎缩性胃炎、消化道溃疡、肠梗阻、慢性肠炎、溃疡性结肠炎、克罗恩病；	□是 □否
（9）肾炎、IgA 肾病、肾小球疾病、肾病综合征、肾盂肾炎、肾功能不全、肾衰竭、尿毒症；	□是 □否
（10）多囊肾、肾积水、肾结石、输尿管结石、肾动脉狭窄、肾切除、单肾；	□是 □否
（11）慢性支气管炎、哮喘、肺气肿、支气管扩张、慢性阻塞性肺疾病、间质性肺病、肺纤维化、肺大泡、肺栓塞、结核病、结节病、胸膜炎；	□是 □否
（12）贫血、再生障碍性贫血、蚕豆病、骨髓增生异常综合征、血友病、紫癜、脾大；	□是 □否
（13）白内障、青光眼、弱视、视神经或视网膜疾病、眼底动脉硬化、梅尼埃病、慢性中耳炎；	□是 □否
（14）先天性疾病、遗传性疾病、脑外伤后遗症：尘肺、硅肺、石棉肺、慢性中毒；烧烫伤（二度及以上）；艾滋病、艾滋病毒携带或性病；	□是 □否
9. 是否有酒精依赖、酗酒、药物滥用或使用镇静剂、麻醉剂（不包含治疗性麻醉）、迷幻剂、其他成瘾性药物或毒品，或者接受戒毒治疗？	□是 □否

（续表）

被保险人健康告知	
10. 是否高危妊娠或孕检异常或孕周已超过 28 周？是否有乳腺包块、肿块或结节、子宫肌瘤、血性溢乳、阴道不规律出血、重度宫颈炎、TCT 或 HPV 阳性？	□是　□否
11. 如为不满 3 周岁儿童：出生体重是否低于 2.5 公斤？是否为早产、难产、过期产？是否有抽搐、窒息、缺氧？	□是　□否
12. 您的父母是否患多囊肾病，是否在 40 岁前确诊结肠癌、直肠癌、乳腺癌或卵巢癌？	□是　□否
1~12 项中，若有回答为“是”的项目，请在本栏中详细说明。如内容较多，可另附白纸填写：	

做什么职业，是否得过某些疾病，都是非黑即白的问题，我自然答得出来。但是，保险公司为什么会问下面这种让人手足无措的问题：

> 过去两年是否有心肺听诊、超声、心电图、脑电图、肌电图、X 线、CT、造影、核磁共振、内窥镜、病理活检、眼底、血液、尿液、细胞学检查结果异常？

请问，到底什么叫异常，血液检测的某项指标偏高或者偏低算异常吗？毕竟大多数消费者没什么医学背景，这样的问题实在令人头疼。这不算什么，健康告知里还会经常这么问你：

> 最近两年是否有过门诊治疗？是否接受过药物治疗？

什么？门诊和吃药也要告知？感冒吃两片“感康”算不算？用过鼻炎喷剂算不算？显然，生活中习以为常的“小毛病”都要告知，岂不要写上半天？

我们该如何看待这个问题呢，不妨先从《保险法》里找找答案。《保险法》规定，投保人（客户）故意或者因重大过失未履行前款规定的如实告知义务，足以影响保险人（保险公司）决定是否同意承保或者提高保险费率的，保险人有权解除合同。

这么看来，只有“足以影响保险人决定是否同意承保或者提高保险费率的”健康问题，才需要告知。而那些不会产生什么严重影响的小毛病，不告知看来也无妨。你是不是开始这样想了？

别急，保险公司可不这么认为，你眼中的“小毛病”，可能就是他们眼中的“大问题”。比如，可不能小看尿蛋白异常这件事，视具体情况，投保人有可能被直接拒保。再比如，经常有人体检后会说，“身体没什么事儿，就是有点儿心率异常，体检大夫说多观察就好”，但核保师关心的是，你所说的心率异常，量化指标具体是多少。针对不同的指标，核保结果是不一样的。这样看来，保险公司的做法是有道理的，让客户一条一条对照健康告知，也绝非无理要求。

说了半天，我好像两边各打了五十大板，你还是不知道该怎么做。事实上，解决这个问题其实不难：直接询问向你推销保险的代理人就可以了。在我们投保或者说申请保险的过程中，保险代理人（或保险经纪人）可被视作客户和核保师之间的桥梁。客户的问题由代理人转达给核保师，代理人再将核保结论转告客户。一个合格的保险代理人，其实也应该掌握基本的核保规则。比如，对于乙肝大三阳患者，不管其具体症状如何，都是和重疾险、医疗险无缘的，自然不必麻烦客户提供资料了。这些基本知识是保险代理人必须有的。

有代理人帮忙，健康告知方面的问题自然迎刃而解，但如果你想通过互联网购买保险，该如何解决健康告知的问题呢？

说实话，当保险公司把重疾险、医疗险这类保障型产品放到网上销售的时候，其实只是想卖给标准体客户。至于次标准体和非标准体客户，对不起，这类产品不是为他们准备的。不过，随着通过互联网购买保险的客户越来越多，次标准体客户的购买呼声也越来越高。为实现这一目标，保险公司和各大保险销售平台采取了两种解决方案。

一是电话咨询。有搞不清楚的问题？打电话。需补充就诊材料？发邮件。这能解决不少问题，也是目前普遍采用的方法。二是智能核保。智能核保兴起于近两年，指越来越多的保险公司在重疾险、医疗险的投保流程中，针对具体问题设置问答环节。在这个环节中，你可以想象自己在和一个机器人对话，你每提供一个健康告知，对方便会就此问题进行详细询问，直到得出最终结论。

智能核保是我个人非常推崇的核保方式，它本质上是将一条条细致的核保规则按照可能发生的问询流程进行整理，可在一定程度上实现“客户—代理人—核保师”三个角色的转换。未来几年内，智能核保的技术水平将会不断进步，提升客户的保险购买体验。

买保险一定要返本吗？

当初你说要买保险的时候，到底是用来做什么的？
保费和保额，哪个才是你的初心？

消费者对于金融商品和实体商品往往有着巨大的认知区别。

对实体商品，我们愿意为之支付一定金钱，以换取其效用。在如今这个消费升级的时代，更有观点认为：钱没有花掉，只是换了个形式待在你身边。总之，我们不大会在消费行为发生后，还对这笔支出斤斤计较——花了就花了。

而对金融商品，我们似乎不太接受“花掉”它们的观点。存在银行里的钱既安全又能产生利息；投入股票的钱，我们会习惯性地产生“我一定能赚钱”的幻觉，即使亏损，也很少归咎于股票投资本身，毕竟“股市有风险，入市需谨慎”，这句话大家都知道。

当这类态度移植到保险身上，就会很容易形成这种认知：既想获得预防风险的保障，又不想让本金受损失。如果没有发生保险事故，到期后你就得把本金返还给我。

返本心态是中国保险消费市场上一个非常普遍的现象。甚至可以说，消费者的这种诉求直接影响到中国保险产品的设计和定价。

当你想要返还的时候，你到底想要什么

人们会根据自己的需求来做消费决策。比如，想吃辣，便抬脚走进川菜馆；想换一种春日少女风的妆容，就去下单购买新款口红；想要保本理财，可以随手买点儿货币基金（虽然严格来说货币基金并不保本）。从思考到决策的链条比较清晰，也就是说，你最终的“所得”和最初的“所想”基本保持一致。

消费决策的背后其实隐藏着我们看不见的需求。换个新妆容，可能是迎接失恋后的新生活的一种态度；随手买点儿货币基金可能是因为看重它的流动性。

所以，当你说想要返还型保险的时候，你到底想要什么？把这个问题搞清楚，我们才能解答标题提出的那个问题。

不管保险产品的形态是什么，有哪些保障责任，用了怎样的词汇包装，消费者所说的“返还”，很多时候是在表达两种需求。

第一，如果没有发生保险事故，请把我交的保费还给我。没错，我要的是拿回保费。

第二，既然我购买了保险，总归是希望能派上用场。没错，我要的是总归能获得赔偿。

这两种需求，是人们购买返还型保险的最大驱动力，也是返还型保险存在的最主要原因。

追求保费返还，切莫因小失大

市场上有不少保费返还型重疾险和意外险，若在约定时间内并未出险，保险公司会将保费返还给客户。这类产品的宣传口号一般出奇地一致：有病赔钱，无病返本。乍看上去，这种保险似乎是免费的。

但仔细对比后你就会发现，返还型保险所需缴纳的保费，要比非返还型保险多出不少。在大多数情况下，多交的这部分保费往往用作重要的投资资金来累积生息，最终会把当初所交的本金“赚”回来。从保险精算模型的角度看，这种表述可能未必准确，但这类问题的本质基本上如此。

其实除了保险，很多行业都擅长玩这种游戏。互联网上屡见不鲜的“存 5 万送手机”之类的营销活动，本质上也是锁定资金一段时间，让客户以利息换赠品，同时牢牢地黏住客户。

中国是一个相当庞大的市场，这同时意味着消费者的认知及分辨能力千差万别。更何况偶尔面对新事物的时候，我们内心的懵懂和迷茫还会令自己的判断力陡降为零，这可以理解。

说白了，当消费者开始追求保费返还时，就自然而然地落入了这样一种思维模式：

> 我觉得我自己不一定会发生保险事故。比如，我觉得自己不会发生意外，不会患重病，不会身故，这些都不会发生在我身上。

当你内心或多或少有“万一没出险就亏了”的想法时，潜意识里就会更加看重保费，而忘记自己配置保险的最初动机：购买充足的保额，确保获得足够的补偿。

反正保额也不一定会拿到，我更在乎实打实的保费，所以还是选择有保费返还的产品吧。这样想似乎顺理成章。

相反，当你把保险看作风险的补偿机制时，就会格外看重保额的大小。用尽可能少的钱换取尽可能多的保额，才能充分抵御突如其来的风险。

那么，现在请你回答：当初你说要买保险的时候，到底是用来做什么的？保费和保额，哪个才是你的初心？

其实对于保费返还这个功能，保险业不乏积极、肯定的观点。比如，虽然返本型保险价格更高，但额外多出来的那些保费，可以看作每年的强制储蓄。毕竟保险资金安全性高，更何况还有收益（相当于一份保本理财产品的收益）。

你看，保险公司就是这么厉害，无论什么功能，都能说得头头是道，让你听后忍不住感叹：还真是这么回事儿啊！

这个观点当然有它的道理，也会获得一批人的认可。毕竟，随着年龄的增长，越来越多的人会意识到储蓄的重要性。年轻人大手大脚惯了，还有攒不住钱的新中产们，未来都逃不开为储蓄而焦虑的宿命。所以，在普遍开销日益走高的当今，强制自己进行储蓄并不是坏事。

但这样做的前提条件是：花钱做强制储蓄不能影响你的正常生活。对于收入较高的中产家庭来说，保费额外增加 50% 可能影响不大，无非每年多投资了一点儿保本理财。而对事业正处于上升期或者家庭开销较大的群体来说，返还型保险无疑占用了多得多的保险预算。1 000 元能解决的问题，可能要交 4 000 元的保费，压力之大，可想而知。

非要拿到保额，不妨这样选择

好，如果我听了你的建议，买了非返还型保险产品，享受到更低的价格，可是，第二个问题又会接踵而至：买了保险，却没有派上用场。

这句话应该怎么理解呢？

我们都知道，不同的保险产品会有不同的保障期限。现在我们假设两种情况：第一，你买的是 70 岁到期的重疾险，却在 71 岁罹患重疾；第二，你买的是 60 岁到期的寿险，却在 61 岁身故。在这两种情况下，你的保费相当于“白交”了。

当消费者表达对返还型保险的需求时，可能他们希望避免的正是这种“买的保险没发挥作用，保费也没拿回来”的问题。

电影《大话西游》里的至尊宝说，如果要在这段感情前加个期限，我希望是 1 万年。看来，期限越长，就越不容易错过。借用这个道理，我把买保险产品的期限也定为 1 万年（终身），这样就可以确保这份保险永远有效，问题也迎刃而解了。

死亡和疾病是最直观的两大风险，因为容易理解，消费者普遍很认同。针对这两大风险，保险公司开发了寿险和重大疾病险两种产品。

对寿险来说，保障终身的寿险，客户一定能拿到赔付，毕竟人这一辈子终有一死。而对重疾险来说，即使设置为保障终身，但如果由于车祸等意外事故不幸身亡，被保险人还没“来得及”患上重疾就离开人世，自然是拿不到赔偿的。这种情况并不少见。

对此，保险公司的解决方案是：在重疾险里添加死亡责任。换句话说，即使你没得病，但不幸亡故，保险公司也会赔偿。

这类重疾险名叫“提前给付型重疾险”。身患重疾或不幸身故，哪个提前发生，都可给付赔偿。但它和返本型保险类似，其代价依然是：支付更多的保费。

原因其实很好理解，对于寿险和重疾险的定价来说，保险公司会参考两份资料：一是经验生命表，二是重大疾病经验发生率。这两张表通过分析大量的历史数据，推测出不同性别、年龄人的死亡概率和罹患重疾的概率。

整体来看，人的年龄越大，罹患重疾和身故的概率就越高。所以，医院里永远是老人多。当我们把保险期限定为“终身”时，就相当于涵盖了老年人的风险，重疾和身故的发生概率显著提升，自然导致保险产品的价格提升。一分钱一分货，这在保险产品中得到了体现。

因此，我们该不该买终身型保险？要不要坚持“买了就得赔”的观念？问问自己的钱包就知道答案了。

说到这里，容我再说一句得罪人的话。从本质上说，保障终身只是保险产品的一个功能设置，而不应被视为一个优点。就好像我们不会说奔驰的高配车一定比低配车好，这种所谓的“好”（比如增加座椅通风、空气过滤、自动升降窗帘）只是基于成本增加的功能改良，任何时候我们都不能脱离成本谈价格。

所以，下次听到有人说“我们公司的重疾险的最大优势就是可以保障终身”的时候，你不妨回应一句：我姥姥做醋熘白菜的时候还会放肉末呢，放肉末是稀罕事吗？

保险公司会不会破产？

中国保险行业监管体系最显著的特点就是：风险意识极强。我国的保险保障基金制度以及偿付能力制度等，都处于全球金融监管的领先水平。

我曾经听过这样一个笑话：某保险公司代理人在推销保险产品时，为了让客户放心，就强调保险公司的特点是绝对安全，而且永远不会破产。客户听后反问道：既然保险公司不会破产，那我买另外一家保险公司的产品不也没问题吗？代理人闻言后一时语塞，情急之下脱口而出："我们的保险公司不会破产，但那家公司是小公司，还是会破产的。"

这则笑话背后，关于保险公司是否"破产"的讨论其实更值得我们关注。保险公司到底会不会破产？这个行业需要遵守的规章制度有哪些？对于消费者而言，到底该如何判断一家保险公司是否靠谱？下面我来解答这些疑问。

保险公司会破产，却不会完蛋

直接说结论：保险公司没有什么特殊的，它们和银行一样，也会倒闭。这在《保险法》里有明确规定：

保险公司有《中华人民共和国企业破产法》第二条规定情形的，经国务院保险监督管理机构同意，保险公司或者其债权人可以依法向人民法院申请重整、和解或者破产清算；国务院保险监督管理机构也可以依法向人民法院申请对该保险公司进行重整或者破产清算。

当保险公司资不抵债的时候，该破产也得破产。如果保险公司破产，不可避免地会产生一个非常重要的问题：持有该公司保单的客户该怎么办？

当年投保时，你把客户当作上帝，好说歹说，客户才决定购买一份终身保单，现在你经营不善，说破产就破产，这份保单还有效吗？后续理赔该找谁？

《保险法》当然考虑到了这一点：

经营有人寿保险业务的保险公司被依法撤销或者被依法宣告破产的，其持有的人寿保险合同及责任准备金，必须转让给其他经营有人寿保险业务的保险公司；不能同其他保险公司达成转让协议的，由国务院保险监督管理机构指定经营有人寿保险业务的保险公司接受转让。

你只需要记住一句即可：人寿保险合同及责任准备金，必须转让给其他经营有人寿保险业务的保险公司。换句话说，我们的保单在换了保险公司后依然有效。不过还有一个问题：如果没有公司愿意接受这家保险公司的保单呢？

不用担心，我们还有保险保障基金。

在好莱坞大片里，每当危险发生时，就会有超级英雄挺身而出。保险公司破产后出现的这位超级英雄，就是保险保障基金。也许你是第一次听说它，但它成立至今已有 10 多年了（2005 年成立），基金规模突破 1 100 亿元。这 1 100 多亿元资金的来源是 81 家财险公司和 88 家寿险公司，保险公司每年需向其缴纳一定数额的资金，这也是被写进《保险法》的强制性要求。

说到保险保障基金，我忍不住要多说两句。也许不少人对于国内的金融行业存有一些偏见，比如监管制度比较落后，法规不太健全，毕竟西方资本主义发达国家的金融行业发展历史更久，难免令人产生一种外国的月亮更圆的感觉。

很多人可能不太了解，中国保险行业监管体系最显著的特点就是：风险意识极强。刚刚说到的保险保障基金制度，以及稍后将会谈到的偿付能力制度等，都处于全球金融监管的领先水平。

放眼海外，很多人盲目推崇的香港保险市场，反而尚未建立此类制度。事实上，香港监管当局早在 2001 年就计划设立保单持有人保障基金制度，且拟定了初步方案，但出于种种原因至今仍未实施。在中国内地，横向对比金融业，银行的存款保险制度（可类比保险保障基金制度）2015 年才正式施行，换句话说，保险业的这一动作整整领先了 8 年。

保险保障基金的主要作用在于，当保险公司被撤销或者宣布破产时，它会向保单持有人和受让人（新公司）提供救济。你可以这样理解，统管天量资金但却默默无闻的保险保障基金，堪称所有保险公司的保险公司。有了保险保障基金，保险公司就可以做到“破产却不完蛋”。守住广大金融消费者利益的其实是行业监管的底线思维，毫不夸张地讲，这确实是我们的制度自信。

在实际运作中，保险保障基金的作用其实更加广泛。保险保障基金的第一次出手是 2007 年接管新华人寿，化解了因公司前董事长擅自违规运用巨额保险资金带来的潜在风险；第二次是 2009 年接管中华联合保险，作为控股股东，保险保障基金花了 6 年多的时间将公司从破产边缘拉回正常轨道。

值得一提的是，保险保障基金除了帮助“问题公司”引进新股东、恢复正常业务、维护既有保单客户权益外，还在后续股权的退出中取得了较为理想的溢价。解决问题又赚了钱，这波操作可以得满分。

政府在做的，是拼命预防保险公司破产

一家保险公司从计划成立之初，就不得不接受一系列监管。这些监管措施和规定就像一道道防火墙，确保公司在正确轨道上运转。

第一道防火墙是极高的公司设立标准。在中国，敢自称保险公司的公司不到 200 家。如果想新设立一家保险公司，股东资质、注

册资本、经营效益等方面都要符合极其严格的要求。监管机构还会要求股东论证成立保险公司的目的和意义，并详细阐述业务规划。仅在2017年，就有多例筹建申请遭到驳回。保险公司的牌照值钱，自然有它的道理。

第二道防火墙是全面科学的偿付能力监管。所谓偿付能力，指的是当保险公司遭遇极端情况时，是否仍有能力履行赔付责任。每个年度和季度，保险公司的精算、财务等专业人士都会编制公司偿付能力报告，涉及一系列数学模型和压力测试。目前我国执行的第二代偿付能力监管制度（偿二代），是于2016年年初颁布实施的，堪称全球范围内姿态最审慎、涵盖面最广的偿付能力监管体系。

根据偿付能力情况，保险公司会得到从优到差的评级，包括A、B、C、D 4个等级。评级可以在保险公司官网的“公开信息查询”栏目查到，我们将它视为判断保险公司是否“靠谱”的一个重要标志。长期来看，只要评级稳定在A和B的公司，我们都可以放心购买其产品。一旦偿付能力指标触碰“红线”，保险公司就会被要求采取暂停销售产品、暂停发布新产品、强制股东增资等一系列手段。这样做的目的是：在事情变糟之前，把问题解决掉。

第三道防火墙是频率高、强度大的现场检查。监管部门会随时进驻保险公司总公司和分公司，通过调取档案、查询系统等方式实施现场检查。问一下保险公司的财务、精算、法律、审计等岗位的员工，几乎都有连夜赶报告、陪同检查组查阅资料的经历，监管部门检查工作的繁复和细致由此可见一斑。

监管体系的存在是为了维护消费者的合法权益，但不可否认的是，如果个别保险公司股东受暴利驱动，单方面认定监管机构会无条件地履行“兜底”职责，试图挑战底线，比如采取极为激进的经营手段，甚至赌博式地运营保险资金，导致保险公司经营不善以致最终资不抵债，监管部门此时绝不会手软：该让其破产就让其破产。在最大限度地维护保险消费者利益的基础上，监管部门会通过破产清算，让违法股东血本无归。

如果我们总以“会不会破产”来评价保险公司，未免要求过低。确保保险公司稳健经营在本质上是监管部门的职责，而作为消费者，我们最应该做的是基于监管部门的评价，结合保险公司的经营能力和风格特点，选择真正适合自己的保险产品。总之，消费层面的具体判断还得靠自己。

比如，我们可以对比不同保险公司的投诉情况。监管部门每年都会对各家保险公司的投诉情况进行通报、评分，并发布在官网上（比如保监会官网）。虽然不同公司的业务结构和风格不尽一致，但如果一家保险公司的投诉率连续多年都比较高，这家公司就必定有需要改进的地方。

再比如，我们也可以预先对保险公司的综合服务能力做出大致的判断，包括销售人员口碑如何，信息技术实力如何（比如官网和手机软件的使用体验），客服电话能否快速接通，诸如此类。

此外，产品性价比也是不可忽视的重要量度。保险的本质就是花钱购买保险责任，比如，都以是否罹患重大疾病作为约定，但具体产品的价格却有所差异。虽然两款保险产品有时并不完全一致，但学会比较不同产品的价格，找出性价比最高的那个，对我们至关重要。

总而言之，消除对保险公司破产的焦虑，聚焦实际问题，才是购买保险时的应有之义。

02

购前指南：
买保险的正确方法

买保险和吃麦当劳是一样的

对保险计划来说，我们可以基于“计划名称—产品—责任”的逻辑匹配自己的风险需求，最终做出购买决策。

回想一下，无论是你自己还是你的亲戚朋友，一定都见过这类保险产品：它们的名字很长，通常包含着“福、喜、康、寿、财、玉”等字眼。这些产品的宣传单也特别难看，图案往往是一堆金币，仿佛你买的根本不是保险，而是一个纯金聚宝盆。

当你面前摆着一款“某某人寿鸿富至尊综合保障计划”时，你的第一反应是：它是一份保险，名字听上去也很吉利，似乎预示着幸福安乐的人生。但这里面具体是什么，反正我不知道。

每当身边的朋友向我吐槽看不懂保险产品时，我都会给他们讲讲我原创的“麦当劳理论”。

保险责任：保险规划的重点元素

麦当劳的套餐名称和保险公司的保险计划名称一样，都是商家为多个产品取的名字。

每个套餐和保险计划里都包含了“产品”这个概念。对巨无霸套餐来说，产品是牛肉汉堡及其他；对某个保险计划来说，产品也许是终身寿险及其他。

每一个产品都可以被详细地描述和解释。对汉堡的描述，就是里面有哪些食材：两片撒有芝麻的面饼包裹着碳烤牛肉饼，搭配酸黄瓜、西生菜和西红柿片。对终身寿险的描述，就是其涵盖的身故责任：无论投保人活到多少岁，只要身故就可以获得一笔理赔金。

对麦当劳来说，我们可以基于“套餐名称—产品—食材”，再结合自己的口味最终做出购买决策。不喜欢吃牛肉的人或对芝麻过敏的人，自然不会选择巨无霸套餐。

与之类似，对保险计划来说，我们可以基于“计划名称—产品—责任”的逻辑匹配自己的风险需求，最终做出购买决策。

比如终身寿险，这款产品包含身故责任，主要是为了应对被保人死亡的风险。如果被保人不幸身故，保险公司便会为其保险受益人提供一笔定额理赔金。接下来我们就得琢磨：什么样的人在身故后，需要留下一笔钱呢？他们更可能是作为家庭支柱的父母，而不是子女。由此我们知道，大多数时候我们没有必要为孩子购买终身寿险。

讲到这里，相信你已经或多或少地了解到保险责任的重要性。保险责任决定了产品的形态，多种形态的产品组成一份保险计划。把保险责任弄清楚，就像弄清楚你爱不爱吃牛肉一样，最终会帮助你选对“套餐”。

不管是做保险销售员的你家邻居，还是建议你购买保险理财的银行柜员，抑或是拨打你电话的电话销售专员，你最需要向他们咨询的就是这款产品的责任到底是什么、承担什么风险、解决什么问题。

有时候，单点比套餐更好

记得读初中时没有多少零花钱，想吃麦当劳的话，我会选择单点一个巨无霸汉堡当作一顿饭。毕竟单个汉堡的价格往往只是一份套餐价格的一半。对于一个饥肠辘辘但却囊中羞涩的中学生来说，汉堡才是最重要的，可乐和薯条不过是锦上添花，不吃也罢。

我们假设一个场景：某一天麦当劳对外宣布，顾客只能购买套餐产品，而不能单点。要真是这样的话，我估计麦当劳要被骂死了。

但保险公司就喜欢这么干：我们卖的是保险计划，请一次性全部购买。只想买一个？抱歉，不行。

当我们面对一份保险计划的时候，面对的就是这类“全家桶难题”。个中原因，还得从保险计划的构成说起。一份保险计划通常由一款主险和若干款附加险构成，主险就像一位大哥，带着一帮作为附加险的小弟。比如，下面这份基于现实案例的虚拟保险计划：

> 北方人寿一生福终身寿险（主险）
> 北方人寿一生福提前给付重大疾病保险（附加险一）
> 北方人寿一生福恶性肿瘤保险（附加险二）
> 北方人寿一生福长期意外保险（强制附加险三）

如果你只想买一份恶性肿瘤保险（附加险二），对不起，你必须购买终身寿险（主险）后，才能购买恶性肿瘤保险。你说“那好吧，为了这个恶性肿瘤保险，我同意买终身寿险（主险），这总行了吧”，对不起，你还得购买长期意外保险（强制附加险三），因为这个附加险是强制的。所以本质上，强制购买的产品有两款。

这种充分利用和客户接触的机会推销尽可能多的产品，是一种普遍的保险销售模式。因为只有尽量让客户把寿险、重疾险、意外险等保险一次性配置到位，方能获得足以维系这个商业模式运转的收入。

这一现象的成因是多方面的。一方面，保险确实复杂，即使像意外险这样简单的保险产品，也需要有人向客户讲解，这种一对一服务的人力成本很高，无法忽略不计。另一方面，如果沟通了半天，客户只买了一款意外险，该产品收入将不能满足保险公司的成本要求，比如，产品研发费用，办公场所租赁费用，各类人员工资。除了通过保险资金获得投资收益，直接销售保险带来的收入也至关重要。

其实，一次性销售多款产品的方式本身并没有问题，因为我们每个人需要的确实不止一份意外险。不管你处于人生的哪个阶段，这个道理都是成立的。比如，我们单身时要关心自己的健康和父母的养老问题，结婚后要承担更多的家庭责任。专业的保险销售人员可以更准确地帮我们全面分析风险，做好产品配置。

但问题在于，保险公司研发的保险计划，并不适用于所有人。有的人不适合某款主险，而销售人员却一味兜售，最终很可能造成客户虽然花了钱，买到的却不是他最需要的保险产品的后果。

所以，如前文所说，弄明白自己需要的保险责任才是最重要的。随着保险业的市场竞争越来越激烈，更多的保险公司开始向客户提供选择单个产品的机会。你不需要一次性购买一揽子产品，你只需要做好风险分析，把钱花在刀刃上。这样一来，当我想应对意外风险的时候，可以选择 A 公司的这款市场占有率最高的意外险；当我希望应对癌症风险的时候，B 公司的那款防癌险在定价上更有优势。

毕竟，一次性购买同一家公司的那么多保险产品，可不会像麦当劳套餐一样享受优惠。

理解了麦当劳理论，你再看到保险产品的时候，一定会有不一样的认识。

保额大小，保障多久，自己来决定

责任的多少、保额的高低、期限的长短，这三大因素直接决定了保险产品的价格。

如果你是有车一族，回想一下当初买车时，你最看重的是什么。

中国消费者最关注的，无外乎品牌、外形、内饰、功能配置。如果在4S[①]店里随机抽取100位客户，问他们买车时会不会关注汽车的三大件，那么多数人的反应可能都是：汽车三大件是什么？所谓三大件，指的是发动机、变速箱、底盘。汽车的这三大件，决定了整车的动力和驾驶性能，也是其核心技术。

保险产品其实也有三大件。上一章分析的保险责任就是其中之一，余下两大件分别是保险产品的保额和期限。

① 4S是指整车销售（Sale）、零配件（Sparepart）、售后服务（Service）、信息反馈（Survey）。——编者注

习惯性地忽视三大件，是买汽车和买保险的通病。拿汽车来说，座椅是不是真皮的，有没有天窗，内饰有没有木纹板，后排有没有加长等，这些卖点只起到了锦上添花的作用，却被过度关注、无限放大，以至于最关键的内容被忽视了。

不过，好在买车这件事有个特点：即使你真的不在乎三大件，最终挑选的车肯定也能开。它不仅能开，还能实现很多消费诉求，比如品牌带来的阶层感、外观带来的炫酷感等。我一直觉得 Smart[①] 微型车是一辆烂车，减震差，毫无舒适感可言，动力迟缓，定价也高得不合理。但这些缺点并不妨碍它成为都市年轻女白领的通勤利器，她们认为这款车尺寸小、方便停放，而且够酷。这么看来，忽略汽车三大件，似乎也没什么影响。

但保险就完全不一样了，如果你无视保险三大件，而只关注花里胡哨的宣传内容，最终的结果很可能是：买到了一辆根本开不了的“车”。

读完本章，希望你可以明白什么是保额、什么是期限。最终，请熟记一条原则：责任、保额、期限这三样东西，是我们选购保险产品时最重要的关注点。

保额：真到用时方恨少

保额的概念非常简单，就是保障的额度。

---

① Smart 是德国奔驰汽车和瑞士斯沃琪手表公司合作制造的微型车，目前隶属于戴姆勒集团。——编者注

同样是罹患肺癌，张三获得 100 万元的理赔，而李四只得到 10 万元，90 万元的差距归根结底源自投保时选择的保额不同。

面对这 90 万元的差距，李四的内心一定和《大话西游》里的至尊宝是一样的：

> 曾经有一个选择高保额的机会摆在我面前，但我没有珍惜，直到失去才追悔莫及，人世间最痛苦的事情莫过于此。

恐怕每个人都希望自己是张三而不是李四。但事实上，大多数中国保险消费者都只能是李四，甚至不如李四。原因很简单：保险消费者的保额普遍偏低。

这不是危言耸听。每年年初，各保险公司都会发布理赔年报，公开去年的理赔情况。大多数公司每件重疾险的平均理赔额，都不超过 10 万元，有的公司甚至只有五六万元。

造成这一现状的原因有很多。比如，消费者出于对保险的不认可，往往随便买点儿就算了。以重疾险为例，保额是以 10 万元为标准递增的，消费者往往一看索性先买 10 万元保额，买完之后感觉自己这辈子的风险问题似乎都解决了。其实他们并没有好好琢磨保额到底意味着什么。再比如，有的保险业务员急于成交，希望客户能掏多少钱就掏多少钱。保额越低，保费就越少，客户掏钱的可能性自然更大。此外还有一点不可忽视：很长一段时间以来，我们能买到的保险产品确实都太贵了。作为保险从业者，这个客观事实我必须承认。

这里说的贵，是相对于整个社会的收入水平而言的。10 年前，一个上有老下有小的 30 岁男性，一年需要花费 5 000 多元，才能获得保额为 20 万元的重疾险。然后你却告诉他，20 万元的保额不太够用，这不是雪上加霜嘛！

好在今天的保险市场，随着客户收入水平提升，保险产品形态增多，定价越发合理，买到符合自己需要的保额，对大多数白领来说已不是难事。

保额到底定为多少，这取决于你对于风险的定价。

还是用汽车来举例子：车损险的保额基本上与车等价，由于使用损耗，车的残值越来越低，保额自然跟着降低。除了车，还有房子，价值几百万元甚至上千万元的房产，就是它应有的保额。

但和车、房不同，人的生命该怎么定价，患重大疾病的风险又该怎么定价？不同类型的保险产品，在确定保额方面有不同的标准。

在第 3 章，我会根据不同的产品，分析不同的保额确定方法。

期限：从一天到一辈子

保险产品里有个叫“赠险”的东西，不知道你有没有见过。

比如，当你使用某个 App（应用程序）的时候，会跳出一个页面，只要填写个人姓名、身份证号这两项信息，就能获赠一份保险。你可以把这种赠险看作商场一层雅诗兰黛专柜的化妆品小样。它们的成本很低，只是为了获取你的注意力或者个人信息，方便今后向你推荐产品。商家不是傻子，不管是化妆品还是保险，白送的东西一定是因为它们便宜。2 毫升的化妆品小样，用一两次就没了。赠险也如此，保额低，保障时间也短。以 10 万元保额的意外险为例，平均算下来一天的保费只有几毛钱。

什么？保险可以只保一天？是的，保险的保障期限既可以短到一天，也可以长至终身。以期限为标准，保险产品可以分成两类：一类是短期产品，即保险期限不超过一年；一类是长期产品，即保险期限超过一年；10 年、20 年甚至终身，都属于长期产品。

从整体上看，意外险和医疗险大多是一年期的短期产品，因为这类产品的价格受到医疗费用的变动和意外发生率的影响，理赔情况每年都会波动。设置成一年期既便于第二年调整价格，也便于直接停售。

讲到这里你可能会问：为什么要停售呢？这不是骗人吗？这还真不是骗人，因为一年期产品合同约定的就是一年期。这就好像你买了某视频网站的会员资格，每年 180 元，到期后这个视频网站被收购了或者决定取消会员制，你上哪儿交钱去？

对于保险来说，也是这样。比如，当你投保了一份一年期重疾险，就相当于加入了一个“未来一年你会不会得重疾”的赌局，时间到了，赌局自然可以散场。

既然是以一年为一期计，产品的定价就要参考当下被保险人的年龄来计算了。30 岁时购买，价格可能是 100 元；5 年后，价格可能就会涨到 400 元。这种随年龄增加而上涨的定价策略，叫作自然费率。客户每年交的钱，只负责承担当年的风险。

而长期保险产品就不一样了。它的定价方法遵循两个原则：一是均衡费率原则，二是保证费率原则。

所谓均衡费率，指的是保险公司将被保险人未来很长一段时间的风险，归并到一起进行定价，而不只是一年的风险。比如，保到 70 岁或保终身，投保人未来几十年的疾病发生率或者死亡率被累计后算出保费，再按照 20 年或 30 年交费的方式进行均摊，价格就确定了。（其实还会考虑利率，但为了简化描述，在不影响正确理解的情况下就不做额外解释了。）

所谓保证费率，指的是在你投保的一瞬间，价格便已确定，后期不会增加。对于长期重疾险来说，即使投保人未来的发病率上升，保险公司也不会涨价。

最重要的是，在这样一种模式下，长期产品的停售只意味着不接受新客户的购买，但并不影响已经投保的客户，毕竟保障期限不管是终身还是到 70 岁，合同里都已经约定好了。

这两个原则是长期产品和一年期产品的重要区别，也是长期产品的重要优势。也许你根本不想知道什么是自然费率或均衡费率，你只想知道到底哪个产品更划算。

以下是市场上两款性价比较高的重疾险，它们的责任基本一致，都是保障重大疾病。不同的是，一款是短期产品，只保障当年；一款是长期产品，保障到 70 岁。

这里以 30 岁男性为例，让我们比较一下两者的价格有什么不同（见表 2-1）。

表 2-1 短期险与长期险价格对比一览表

投保人的年龄	短期险 A 保费（元）	长期险 B 保费（元）
30 岁	118	800
31 岁	118	800
32 岁	118	800
33 岁	118	800
34 岁	118	800

（续表）

投保人的年龄	短期险 A 保费（元）	长期险 B 保费（元）
35 岁	200	800
36 岁	200	800
37 岁	200	800
38 岁	200	800
39 岁	200	800
40 岁	365	800
41 岁	365	800
42 岁	365	800
43 岁	365	800
44 岁	365	800
45 岁	635	800
46 岁	635	800
47 岁	635	800
48 岁	635	800
49 岁	635	800
50 岁	1 100	0
51 岁	1 100	0
52 岁	1 100	0
53 岁	1 100	0
54 岁	1 100	0
55 岁	1 800	0
56 岁	1 800	0
57 岁	1 800	0
58 岁	1 800	0
59 岁	1 800	0
60 岁	2 350	0

（续表）

投保人的年龄	短期险 A 保费（元）	长期险 B 保费（元）
61 岁	2 350	0
62 岁	2 350	0
63 岁	2 350	0
64 岁	2 350	0
65 岁	2 350	0
66 岁	买不了	0
67 岁	买不了	0
68 岁	买不了	0
69 岁	买不了	0
70 岁	买不了	0

根据表 2–1，可立即得出三个结论：

第一，整体来看，购买长期险 B 只需缴纳 20 年，累计金额为 16 000 元的保费；而短期险 A 则每年都要缴纳保费，金额也越来越高，累计为 35 000 多元。（如果你学过金融相关的基础知识，就会知道这笔账应该考虑现值等因素。但考虑到这种计算有些复杂，而且并不影响最终结论，这里就不展开讲了。）

第二，人到中年，就有可能无法购买短期险 A。前文提到，如果几年后这款短期险 A 停售，投保人就会面临 30 多岁时需重新购买保险的客观事实。而人到中年的健康情况有可能不符合健康告知的要求。

第三，人到老年，则根本不能购买短期险 A。其实在保障期限上，短期险 A 由于投保年龄的限制，只能保障到 65 岁，66 岁及以上的人不能买。长期险 B 的保障期限为 70 岁，事实上，投保人还可以选择保终身。

说了这么多短期险的“短板”，但它并非一无是处。

对于已经有长期险庇护的人来说，额外购买一份一年期产品，可以在一定时间内增加保额。即使该产品日后停售，已有的长期产品依然是可靠的保障。比如，我借了一笔30万元的抵押贷款（有抵押物，不存在日后无法还款的风险），借到钱后，立刻购买一份一年期的定期寿险。这种情况下，一年期的产品是性价比很高的临时选择，即使购买两年该产品就停售了，对我也不会有太大的影响。

总之，我们要记住：短期险发挥的只是补充作用。如果我们一开始就完全倚仗一年期产品，那么未来遇到问题的概率会很高。

另外，值得提醒的是，对于40岁以下的中青年来说，一年期产品的价格普遍较低，所以颇具诱惑性的“优点”：年轻时保费低。所以你才会在很多互联网平台上看到“XX重疾险100元起”的说法。

保险产品的价格由谁决定

责任的多少、保额的高低、期限的长短，这三大件直接决定了保险产品的价格。

摆在你面前的有A和B两款重疾险。A产品不仅包含重大疾病责任，还有身故责任，保额高达50万元，保障期限为终身；B只包含重大疾病责任，保额仅为10万元，保到70岁。B的价格很可能只是A的1/10——是的，差距就是这么大。

所以，产品包含哪些责任，买多少保额，保障多久，这三个最重要的终极问题似乎也不难回答：问问你的钱包吧。

对于刚刚毕业的大学生来说，他们独自在北上广打拼，一个月只有四五千元的收入，除去房租和吃饭的支出，根本剩不下什么钱。这时候你让他一年花 1 万多元买保险，不管你推荐的产品性价比有多高，对他来说都是沉重的负担。对初入职场的单身一族来说，正确的做法是，先确定哪些需求是一定要解决的，根据优先级列出清单：

1. 得了重疾，有钱治病；
2. 得了重疾，弥补治疗期间的收入；
3. 不幸身故，给爸妈留一笔养老费；
4. 意外受伤，解决医保不包含的费用 。

我们可以根据以上 4 项需求，找到对应的保险产品，并结合自己的收入确定保额。在此基础上，如果发现保终身的产品价格过高，就选择保到 60 岁或者 70 岁；如果你还是觉得难以承受，可以选择减少保额，直至找到自己预算范围内的产品规划。

说到这里，希望你能明白我接下来要讲的一个重点理念：**保险这种产品不是一次性的，它是陪伴你度过漫长人生的一种风险规划。**

我们一家三口每年花在商业保险上的钱大概在 4 万元左右，5 年前这个数字是 1.5 万元。增加的投入主要源自三种情况。

第一，我越来越值钱了。工作越久，我赚得越多，为家庭带来的价值越大，我也越值钱。个人价值的增加，意味着你必须提升自身的保额。原有的 30 万元的重疾险、50 万元的定期寿险 A，保额分别提高到 100 万元和 200 万元。这必然要额外花钱。

第二，我投保了新产品。比如，定期寿险 A 的保额从 50 万元变成了 200 万元。这 200 万元是怎么来的呢？我把原有定期寿险 A 的保额从 50 万元提升到 100 万元，我还额外投保了保额为 100 万元的定期寿险 B，两者相加，就是 200 万元。

第三，我当爸爸了。这意味着我要为家庭新成员购买保险，这个新成员的投保情况也会遵循上面两个逻辑，在他漫长的人生中，不断地增加产品和保额。

所以，下次碰到有人对你说“这次买完保险，就可以一步到位了”，你可以直接拉黑他。

如何与保险业务员打交道

你可能无法保证销售员可以一直为你提供服务，但你可以做的是让自己明明白白买保险。

在设计风格简洁明快的无印良品店铺里，你一眼就看中了一台乳白色的香薰加湿器，薰衣草味的芳香在向你传递着一个强烈的信号：作为城市里的新中产阶级，你的消费该升级了。二话不说，拿上香薰加湿器刷卡走人。

这样的场景说明了什么？在消费时代，当一个产品具备以下三个特性时，往往最容易吸引消费者的眼球，并转化为购买。

第一，产品本身可以带来快感，而且越快越好。比如香薰加湿器的舒缓功能，我们在店铺里就可以实际感知到；再比如某品牌的高端吸尘器，你买回家以后，就可以让角落里的猫毛荡然无存。无须等待，即刻享受。

第二，购买流程令人享受其中。不管是通过互联网还是实体店购买产品和服务，店铺的装修、购买页面的设计，都是顾客十分看重的。实体店中的体验还包含导购的服务水平和结账的便捷性等。我虽然花了钱，但我觉得钱花得很值。

第三，商品具备社交功能。除了商品本身的效用，我们还可以通过拥有商品获得一定的群体认同甚至社会地位。比如，微信朋友圈有人发新款手机的开箱图或高档餐厅里的自拍照。

说了这么多，其实我真正想说的是：很遗憾，保险产品不具备上述三个特性。

保险产品看不见摸不着，成千上万元花出去，只换来了几张A4纸（保单），谈何快感。即使你告诉我保险的本质是一纸契约，我也会心生疑问：咱们之间的约定，会不会履行？什么时候履行？投保人支付的成本是实实在在的金钱，但享受收益和服务的时间却不确定。

不仅如此，购买保险这件事因人而异。你结婚了吗？有孩子了吗？不同群体对保险的需求千差万别。当消费者诚心诚意想买的时候，有时候却被告知“因为某种健康问题不能购买”。

从早期接触到最终购买，没有哪种商品像保险这样需要消费者“跨越万水千山”。

所以，保险公司会不遗余力地增加产品的“人情味”，比如将保险塑造成爱与责任的象征，让你把对子女、父母的爱寄托于保险产品之上，让购买行为更加顺理成章。但再多的包装和营销，都无法替代真正发挥核心作用的群体——保险销售人员。

保险销售人员到底指的是谁

所谓的保险销售人员，并不是一种规范的说法。实际上，当一个人向你销售保险产品的时候，他的身份不外乎以下几类。

第一，保险代理人。这是最庞大的保险销售群体，截至 2017 年，我国的保险代理人近 800 万，他们代表各自所在的保险公司，只销售某一家保险公司的产品。

第二，保险经纪人。和代理人最大的不同是，经纪人代表的不是某一家保险公司，而是保险中介公司，他们可以销售多家保险公司产品。在我国，和代理人相比，经纪人的数量远少于代理人。这一点和美国等西方发达保险市场不同。

第三，银行理财经理。拥有我国金融市场最广大的客户群体，银行也可以销售保险产品。无论是在网点柜台，还是网上银行，我们都能找到银行代理的各家保险公司的产品。

第四，互联网第三方平台。通过互联网购买保险的行为，正变得越来越普遍。不管是腾讯、阿里巴巴这样的互联网巨头，还是专做保险金融的垂直网站，都属此类。

在当今的中国保险市场，每类销售群体都各有特点，而它们最大的共性是：佣金和收入来自产品背后的保险公司。

20 世纪 90 年代以前，我国的保险公司采取的还是一种“坐在家里等你上门”的销售模式。1992 年，友邦保险在中国设立办事处，并将保险代理人这一在西方运作多年的模式引入中国。回头看，代理人制度对保险行业产生了深远影响。考虑到中国传统观念对于销售这一职位的“偏见”，主动售卖某件商品在20多年前的中国本身就是一件稀罕事。

代理人制度进入中国后迅速生根发芽，这一方面得益于保险行业的快速发展，另一方面也与宏观层面的国家发展有关。如果站在就业群体变迁的角度，我们就会发现，20世纪90年代出现的下岗潮和毕业生就业难，成了保险代理人快速增长的催化剂。

有时候我们感叹：隔壁张阿姨怎么去卖保险了？老家的小王毕业后怎么去卖保险了？这种戴着有色眼镜的判断，背后可能是被时代大潮裹挟下的个人经历，当我们回头审视，更多的其实是艰辛和不易。

当然，今天的保险市场相较20多年前发展更加规范、有序，无论是拥有客户资源的中年职场人，还是刚刚离开象牙塔的高学历毕业生，投身保险销售领域都是合理的职业选择。

和业务员打交道，要遵循两个原则

咱们暂且不说保险业务员，先说说你自己，你有没有经历或者遇到过以下几种情况。

第一，卖保险的人是亲戚，抹不开面子，买吧。

第二，邻居都给孩子买的这个，我也买一个吧。

第三，他答应我把佣金返还给我，省了不少钱，买吧。

第四，小伙子口才好，人也帅，卖的保险不会差。

好面子、从众心理、贪图小便宜、忽略产品的本质，这类问题经常发生，也间接催生了一批不靠谱的保险业务员。而遵循下面两个原则，就能从源头上很好地解决以上问题。

第一个原则：互相尊重，学会提问。

保险公司在确定产品价格的过程中，已经考虑到了销售费用。为了让更多的人能够接触和了解商品，销售成本必然存在，这是商业社会的普遍原则。所谓的“没有中间商赚差价”，只能忽悠涉世不深的小孩子。销售费用中自然也包含了保险业务员的收入，对于用心提供专业服务的业务员来说，这笔钱拿得堂堂正正、理所应当。

对于保险业务员的尊重，首先体现在不索要佣金上。如果你认为与你联系的业务员不专业、无法满足你的需求，最应该做的不是向其索要佣金，而是尽快换人，无论他是不是你家亲戚。

对于保险业务员的尊重，也体现为善于在咨询过程中提出问题。比如，条款能给我看一下吗？为什么我需要这款产品？为什么这类产品你们家的最好？能比较一下不同产品吗？为什么要保终身？为什么这个附加险值得购买？

负责任的提问，可以帮你更好地分辨出业务员的基本水平和能力。打破砂锅问到底，其实是对保险销售职业的尊重。

如果你发现这位保险业务员面对你提出的一个个问题，要么答不出来，要么逻辑混乱，要么不分青红皂白地敌视及贬损其他保险公司，最好立即更换业务员。

第二个原则：充分信任，要有主见。

做保险规划时，消费者需要向业务员介绍自己的基本情况，比如赚多少钱（个人收入）、有没有房贷（负债情况）、家里有几口人（家庭情况）、疾病史（健康告知需要）等。因此，客户和销售人员之间的相互信任非常重要。

如果我们对业务员心存怀疑，自然无法与之进行详细深入的交流。而保险产品的责任、保额、期限等重要分析，必须基于客户的基本情况才能做出准确的判断。

除了彼此信任，我们还要对保险有主见，换言之，我们自己要有能力解决基本的保险问题。这两者并不矛盾。

毕竟，保险产品真正发挥作用的时间——理赔时间——是不确定的，可能几天之后就会发生（比如意外险理赔），也可能到投保人八九十岁时才会发生（比如终身重疾险）。几十年后的理赔，我该找谁？

一个不容忽视的客观事实是：保险代理人是一个流动性极大的职业，当年向你销售保险的人，可能已经离开了这个行业。在保险公司里，由于销售人员离职造成的保单无人管理的问题非常普遍，这类保单被形象地称为“孤儿保单”。

即使那个代理人依然在这个行业，他也会追求更高的职业发展，比如晋升为管理岗，职责以管理团队为主，不再负责具体业务。因此，他能否亲力亲为地为你的理赔跑前跑后，也是一个未知数。你还记得曾经为你服务的银行客户经理吗？

所以，你可能无法保证销售员可以一直为你提供服务，但你可以做的是让自己明明白白买保险。

一个合格的保险业务员，当然要负责客户投保后可能发生的理赔事宜，在材料收集、理赔申请、进度跟进等方面，发挥自己的作用。除此之外，业务员也应该明确告知客户理赔的流程，比如如何第一时间找到保险公司，以及理赔时注意哪些问题。

代理人也好，互联网也好，电话销售也好，不管保险是从哪里买的，所有产品的理赔、服务最终都会落脚到保险公司。

我们的主见，更体现在对保险的了解上。人人都应有财商，为了赚钱，我们会身体力行地去研究股票和基金，但很少有人研究该如何购买保险。

好在你看完这本书，这个问题基本上就解决了。

卖保险简单吗？

卖保险其实一点儿也不简单，方方面面的知识都要涉及，真正合格的保险销售人员应当具备融会贯通的能力。

首先，应对保险精算有基本的认识。产品贵不贵（同类产品的定价和费率对比）？到底有哪些保障（保险责任的解读）？退保能拿到多少保费（保单现金价值的解读）？买完后哪些信息可以修改（对保单保全功能的讲解）？……

其次，要有基本的金融知识。如果以理财为目的，这个产品能实现多高收益（如何计算分红险、万能险、年金等产品的投资收益）？缴费期限怎么选择（现金流贴现原理）？……

再次，要具备基本的保险法律知识。保险条款里有没有所谓的坑（除外责任做重点说明）？遇到纠纷的时候如何处理？……

除此之外，对重疾险、医疗险等健康险产品涉及的核保规则、疾病定义、理赔标准，要能有理有据地提供解答。

当一名男性保险业务员对乳腺结节和子宫肌瘤等女性疾病了如指掌时，千万别说他是变态，因为这恰恰是他专业性的佐证。

不仅如此，在理想状态下，作为客户的我们还希望每一个具备上述条件的保险销售人员都拥有清晰简洁的表达能力，用生动形象的表述为我们拆解复杂的保险产品。如果真按这个标准来要求全国近千万名保险销售人员，那么大部分业务员肯定无法达标，而且，任何一个行业也不具备这么多符合要求的人啊。

但话说回来，我们不妨设想一下：当一个销售人员真的遵循上述科学、标准的方式来销售保险，他将会面临怎样的情况：

他真的做了产品对比，但如果他推销的产品价格没有竞争力，该怎么办？他真的算清楚了产品收益，但客户觉得收益率不如想象的那么高，该怎么办？他真的一条一条地解释清楚除外责任，客户却产生“保险公司推卸责任”的情绪化误解，该怎么办？他因为客户的健康问题而拒绝其投保，之前的工作不就白忙活了吗？

这些假设似乎暗示了保险销售人员“能力越强越卖不出去产品”的观点，但我想表达的绝不是“知识无用论”，它们只是在一定程度上反映了当前保险销售领域存在的弊病。而这些极端的例子恰恰凸显了“你”的重要性。是的，当消费者越来越懂保险，越来越明白自己为什么需要保险，越来越了解金融、法律等方面的基本知识，优秀、可靠的保险业务员才能来到你面前。

在附录里，我提供了一个可供参考的标准。保险业务员靠不靠谱？遵循这个标准，我们至少可以做到明辨销售人员的专业度，从而找到适合自己的专业销售人员。

你的公司给你买保险了吗？

不好的公司各有各的问题，但好的公司一定有一个共同点：为员工购买了充足的商业保险。

你也许和我一样，是一名辛勤的打工者。我在“槽叔”抖音号里发过一个小视频，探讨什么才是真正的好工作。视频有20多万点赞、1万多条评论，大多数人的答案是：工资高。

工资当然很重要，除此之外，各家公司还会宣传各自不同的优势来“证明”自己的好。抛开诸如平台大、有潜力之类的务虚说辞，实打实的福利政策往往是公司宣传的重点，比如免费食堂、带薪年假、健身房、紧挨地铁站等。其中为员工购买团体商业保险是一个十分重要却又极易被忽视的福利。

在我看来，不好的公司各有各的问题，但好的公司一定有一个共同点：为员工购买了充足的商业保险。

我们举个好公司的例子。谷歌公司多年前就推出了员工保险福利计划，除了医疗费用的补偿报销外，福利计划还规定：如果员工不幸身故，在其身故后的 10 年中，其配偶每年可以获得约合一半年薪的补偿金，子女每月可以得到 1 000 美元的抚养费，直至 18 岁成年。这笔补偿可以说是不幸中的万幸。

难道只有在像谷歌这么卓越的公司工作，我们才能享受到这项福利吗？企业为员工购买保险需要花很多钱吗？看完这章，下次你找工作的时候，可以理直气壮地问雇主：你们有员工团体保险吗？

企业团体保险：用过的人都说好

在说企业团体保险前，先纠正两个颇为常见的误解。

第一个误解是，公司为员工缴纳五险一金就行，买不买保险无所谓。这和另一个观点何其相似，即我有社保了，买不买保险无所谓。

从本质上看，当我们说出这句话的时候，基本上可以理解为：我可以靠养老金度过晚年，我可以靠社会医保解决看病贵的问题。但是，看看通货膨胀的现状和退休后少得可怜的养老金，再看看重大疾病治疗费中价格高昂的自费项目，你可能就不这样想了。

公司可以选择为员工购买企业年金和商业保险，前者增加了员工退休后的养老收入，后者可提供针对身故、死亡的抗风险能力。简言之，单靠五险一金，员工没法真正安心工作。当然，那些连五险一金都不为员工缴纳的公司，更是无良企业。

第二个误解是，只有从事高风险行业的公司才需要给员工买保险。其实这句话应该这么说：高危行业公司必须给员工买保险，非高危公司最好给员工买保险。在深圳等发达地区，建筑企业获得开工许可证的前提之一就是为建筑工人投保工伤保险。对于这类公司，为员工买保险是强制义务和经营底线，没什么值得炫耀的。对于设在写字楼里的一般公司，买保险是帮助员工抵御风险的重要方式，在激烈的人才竞争中，越来越多的企业愿意支付这笔费用。

无论是企业还是员工，不少人都觉得企业团体保险（在这里我把企业团体保险统称为团险）高高在上、十分复杂，其实大可不必这样想。其实团险既不复杂，也不“高级”，不管是员工达上万人的世界 500 强公司，还是只有三四个人的小创业公司，都可以为员工购买团险。

团险通常由 4 个保险产品组成：定期寿险、重大疾病险、意外险、医疗险。还记得前文中谈到的麦当劳理论吗？这 4 个产品就是一份套餐里的汉堡、炸鸡、饮料和甜点，如果给这 4 个单品换点儿配料，又可以衍生出不同的口味，最终形成不同的保险责任。以这 4 个产品为基础，团险计划可以涵盖以下责任：

1. 罹患重大疾病：保额 50 万元（重大疾病险的重疾责任 50 万元）。

2. 疾病导致身故：保额 50 万元（定期寿险身故责任 50 万元）。

3. 意外导致身故：保额 150 万元（定期寿险身故责任 50 万元 + 意外险身故责任 100 万元）。

4. 门诊责任：保额 2 万元（医疗险包含的门急诊医疗责任 2 万元）。

5. 住院责任：保额 30 万元（医疗险包含的住院医疗责任 30 万元）。

由此，公司便可以负责任地对员工说，不管是患重病还是身故，所有这些风险都由保险公司来承担。只要你在我公司工作一天，我就给你这份安心。

看到这里你可能会说，这么好的保险福利，一定要花不少钱。但如果我告诉你，这么多的福利，每年每人的价格只有 2 800 元，平均每个月才 200 多元，你是不是觉得很值？（这里的保费计算前提是，假设该公司员工的平均年龄为 35 岁。）

团险价格之所以“亲民”，原因有很多，主要原因如下：

第一，团险可以简单类比为团购，买的人数多，节省了一部分管理成本，自然就能获得一定的优惠。尤其是过去保险公司的信息系统不完善，很多流程和手续都是人工填单子，如果都是 100 人买保险，团险肯定比单个购买节约很多成本。团险的保单无须一人一张，其他管理成本也更低。

第二，团险的主要销售对象是企业人力资源部，只要负责人拍板，100 个员工就直接购买了，不用一个一个地宣传、介绍，间接降低了产品的销售费用，最终的实惠落在了每一位参保员工身上。

第三，以企业名义投保，参保人员的工作环境和性质相对一致，外部风险可控，何况不少企业还有入职体检，可以很好解决客户的逆选择和健康问题。而且，团险的核保是面向一个群体的核保，不用挨个询问。因此，有些人即使因为小病无法购买重疾险，也可以通过团险来解决患重大疾病的风险问题。

团险虽然不贵，但依然有不少公司不想花这笔钱，这一方面与公司效益有关，另一方面也与企业管理者的意识和思维有关——老板自己都不买保险，又怎么会给员工买保险。更何况，保险这个东西看不见摸不着，不一定所有员工都能感受到。还不如把钱花在员工看得到的地方，比如设个餐饮区摆上进口零食，让员工拍拍照发发朋友圈，这才是“好公司”嘛！一定有一些公司的管理者是这样想的。

当你的公司还在犹豫要不要每月为你花这200多元的时候，“别的公司”的员工已经在享受私立医院看病报销的福利了。部分企业会选择在团险中增加高端医疗险，这类保险价格不菲，可以让员工发生意外或者生病时，毫无顾忌地走进一家私立医院[①]，报上自己的姓名和身份证，直接享受门诊、治疗、开药等一条龙服务，最后通过名为“直赔”的方式，不用交一分钱，所有费用由保险公司和医院结算。

说到团险，公司和公司之间的差距就是这么大。

团险带来的“保险幻觉”

多人团购、核保宽松，除了这些原因外，团险价低的原因还在于其包含的保险产品的保障期限都是一年。

前文介绍过，一年期产品采取的是自然费率而不是均衡费率，

① 这里说的私立医院是指提供高品质服务的医院，不是江湖游医。

因此对于 40 岁以下的人来说，自然费率的价格往往更低，这个年龄段的人也是就业群体的主力军。不过我们不能因此理解为："一年期产品"是因，"价格低"是果，似乎企业是为了贪图便宜才选择一年期产品。请不要忽视一个重要问题，每个公司都会面临员工离职的问题。尤其是当下，各行各业的员工流动性越来越大，对于在商业世界搏击的各家市场化公司来说，根本就不存在"铁饭碗"的概念。试想，倘若给员工选择长期保险，不管是分 10 年缴费还是 20 年缴费，都无法解决员工离职后的缴费问题。不管是公司额外支出还是从员工工资里扣除，团险的投保人和缴费人都是公司。员工离职后，公司自然没有为其缴费的义务。因此，一年期产品可以最大限度地解决这个潜在问题。

说到这里，我们发现了一个可怕的问题：如果完全依赖公司保险，我们一旦离职就会面临保险"裸奔"的情况。

所以，即使保额充足、保障责任广泛，公司为员工购买的团体保险有时也可能是一个"陷阱"：公司给我提供的保险越好，我越不需要给自己买保险。

我身边的朋友能享受到优质团险的大多来自两类公司：一类是外资跨国企业的中国分支机构；一类是部分金融企业，以私募、投行为主。这群人可以说是高知、精英，其所在公司也往往财大气粗，可以提供涵盖身故、重疾、意外等责任的充足保额商业保险。更重要的是，他们通常还能享受到高端医疗险的医疗待遇。对于这些人而言，似乎用不着额外购买保险，现有的团体保险就足够了。

但近几年来，当他们中的许多人选择辞职创业时却发现，再也享受不到覆盖广、额度高、保障全的团险保障了。更尴尬的是，这时他们也往往人到中年，可能会由于身体健康问题而错过最好的投保时机。

所以，建议大家用客观的态度看待公司为员工购买的团险。它是一种极好的员工福利，它应该是员工自身已购保险的有力补充，却不能被当作全部。当你离职后，从零开始的除了你的事业，还有你的保险。

“你好，我想了解一下公司的团险政策”

回到本章开头谷歌员工身故补偿的方案，我们不妨算一笔账，以年薪 10 万美元计算，身故补偿分别相当于 50 万美元和 21.6 万美元，其中前者是给予身故员工配偶的连续 10 年的收入补偿，后者是给予孩子成年前的抚养费（假设孩子为 0 岁）。

也就是说，这位员工的身故保额约为 70 万美元。如果一家国内企业为员工投保 70 万元的定期寿险，每个月需要支付的保费不超过 100 元。

这样看来，能让员工获得全面保障的团险并不是什么奢侈品。现在不妨思考一个问题：如果你们公司也有团险，这份团险计划里有涵盖身故责任的产品吗？如果有，保额是多少？如果员工获得晋升，保额会随之提高吗？

很多人甚至连公司买没买团险都不清楚，更不用说这些具体内容了。虽说我们不知道在一家公司能干多久，但只要在这里工作一天，抵御当下面临的风险，一定程度上就要仰仗公司的团险政策。

所以，我强烈建议各位，如果公司为你购买了团险，请一定抽出时间详细问清楚各项细则，毕竟这是关乎我们每个人的切身福利。

附录中，有一份常见的团险询问清单。请拿着它向公司人力专员挨个问完这些问题，你将比你 99% 的同事都更了解这项福利。

03

重点关注：中产必备的“四大保险金刚”

重大疾病险：为了不被改变的人生

重疾险的诞生，本质上是为了解决收入中断的风险，站在患者及其家人的角度，为已在重病深渊的家庭提供雪中送炭般的经济补偿。

1983 年，南非心脏外科医师巴纳德（Marius Barnard）发现，其救治的上百位心脏或器官移植病人，虽然经过艰苦卓绝的治疗活了下来，但他们的家庭在财务上却已经“宣告死亡”了。

高昂的治疗费用，好歹可以通过国家医保解决一部分。但漫长的治疗周期，足以令家庭在数年时间内失去收入来源，治疗康复期间在理疗、营养上的花销，对于整个家庭的财务状况来说更是雪上加霜。

医生可以挽救病人的生命，却无法挽救一个家庭的“财务生命”。这种从业经历带给巴纳德医生的影响十分深刻，以至于他做出了一个影响整个保险行业的决定：联合保险公司，为这类身患重大疾病的患者提供风险保障。这就是重大疾病险的源起。巴纳德和保险公司开发的重疾险，最初只保障 4 种疾病：心肌梗死、冠状动脉搭桥术、恶性肿瘤和脑中风。

重疾险的诞生，本质上是为了解决收入中断的风险，站在患者及其家人的角度，为已在重病深渊的家庭提供雪中送炭般的经济补偿。

20 世纪 90 年代，重疾险首次进入中国，在 20 多年的时间里，它已发展成为个人和家庭风险保障体系里的重要产品，即使对保险不太了解的人，也大都知道有一种保险叫重疾险。从 2016 年开始，在百度搜索的关键词中，重疾险成为搜索次数最多的保险产品名称，排在意外险、寿险、医疗险之前。我希望你能对重疾险有清晰的认识，让它成为你的朋友。

重疾险究竟保什么

顾名思义，重大疾病险以是否罹患重大疾病作为保障责任。但问题是，什么叫“重大疾病”？什么叫“罹患”？

在第 1 章回答“保险赔不赔”的文章里，我简单介绍了重大疾病的定义。2006 年之前，保险业关于重大疾病的标准并不统一，由于各家保险公司的定义存在差别，引发了不少纠纷案件，这促使保监会下决心制定适用于全行业的重疾定义及规范。

保监会安排中国保险行业协会和中国医师协会，在 2007 年拿出了一版 25 种重疾标准，囊括所有高发重疾类型（其实，只要是重疾险就都包括这 25 种）。放眼全球，我国的重疾险疾病定义规范化这项工作做得一点儿也不差。第一，我们借鉴的是 2006 年由英国保险行业协会发布的最新版《重大疾病保险最佳操作指引》，可以说是珠玉在前。第二，统一重疾险分类的国家，其实只有英国、新加坡和马来西亚等为数不多的国家。而在许多人热捧的中国香港保险市场上，各家保险公司对重大疾病的描述都有差别。

这里需要强调一下，保监会设定的这25种重大疾病，其发生概率超过95%的疾病种类。所以评价重疾险的好坏时，千万不能盲目地只关注疾病的病种数量。这就好比拜金女傍大款。大款A身价1亿元，大款B身价1亿零100万元，大款A相当于囊括25种重疾的产品，大款B相当于囊括100种重疾的产品。

这时对拜金女来说，A和B 100万元的身价差异其实一点儿也不重要，重要的是什么呢？谁长得更帅（是否有轻症责任），谁的妈妈脾气更好（是否有身故责任），谁愿意把房产证改成你的名字（产品定价高不高，这可能是最重要的）。说到底，当其他各项对比条件一致时，再去看重疾种类才有意义，否则只会因小失大。

说完了什么叫重大疾病，我们再来说说什么叫“罹患”。在重疾险的理赔中，符合“罹患”要求的有三种情况。

第一，病情达到某个标准，相当于确诊即赔，比如恶性肿瘤：

> 指恶性细胞不受控制地进行增长和扩散，浸润和破坏周围正常组织，可以经血管、淋巴管和体腔扩散转移到身体其他部位的疾病。经病理学检查结果明确诊断，临床诊断属于世界卫生组织《疾病和有关健康问题的国际统计分类》的恶性肿瘤范畴。

第二，投保人为治疗某种疾病而接受了某种治疗方法。比如心脏瓣膜手术：

> 为治疗心脏瓣膜疾病，实际实施了开胸进行的心脏瓣膜置换或修复的手术。

第三，某种状态持续了一段时间。比如脑中风后遗症：

> 指因脑血管的突发病变引起脑血管出血、栓塞或梗死，并导致神经系统永久性的功能障碍。神经系统永久性的功能障碍，指疾病确诊 180 天后，仍遗留下列一种或一种以上障碍：
>
> - 一肢或一肢以上的肢体机能完全丧失；
> - 语言能力或咀嚼吞咽能力完全丧失；
> - 自主生活能力完全丧失，无法独立完成六项基本日常活动中的三项或三项以上。

所以，如果谁对你说重疾险是确诊即赔的，那他显然理解得过于简单了。

除了重大疾病，重疾险还保这些

我们买东西时，经常不自觉地贪大求全，似乎产品的功能越多越好。然而就好比智能手机功能再多，老人也大多只用它来打电话。

当重疾险的责任只有重大疾病时，消费者理所当然地提出了一个振聋发聩的问题：如果我一辈子没得重疾，这保费岂不是白交了？

好，为了不让你白交，保险公司索性增加了很多其他责任，“顺便”提升了保费。买卖双方都高兴，这种商业模式堪称完美。

在新增的责任里，第一类是“身故责任”。这种包含身故责任的重疾险，基本上都可以“提前给付”。所谓“提前给付”，并不是“我比别的重疾险赔付得快”，这里的提前指的是重疾、身故二者中哪个先发生，就给付哪个。所以，提前给付不过是一种产品设计罢了，千万别觉得它是一项独特的优势。

第二类新增责任是轻症和中症责任。轻症和中症这两个词虽然拗口，但显然是相对于重症而言的。一辈子都没得病，消费者对自己白交保费有意见。如果一辈子得的病没有严重到重大疾病的程度呢？比如原位癌，作为癌症的早期阶段，原位癌相对容易治愈，属于轻症的一种。这时，消费者虽然很庆幸自己及早发现了癌症并且治愈，但没拿到保险公司的赔偿却心有不甘。对此，保险公司表示，没关系，我们赔付给你。重疾险的保额是多少，10 万元？好的，轻症赔付你 3 万元，中症赔付你 5 万元。但是，保费你得多交。

第三类新增责任是针对重大疾病的花样赔付方式。比如重疾和轻症可以赔付多次，又比如挑出某几个病种额外赔付 50% 的保额，再比如投保后前 10 年享受保额额外增加 50%，等等。

限于篇幅，在此我们先不分析这些花样赔付方式，你只需要知道一个道理：所有的赔付方式都是对风险的定价，然后把溢价加到原有价格中，就是这么简单。

另外，我得强调一点，我绝不反对大家选择责任丰富的重疾险，而是希望大家坚守一个前提：选择重大疾病险时，最重要的是做到保额满足需要。

请你回顾一下“麦当劳理论”。作为重疾险的核心功能，重大疾病责任就是巨无霸汉堡里的牛肉饼，少了这块肉饼，它就不能被称作巨无霸。其他的辅料，比如酸黄瓜（身故责任）、培根（多次赔付）、沙拉酱（轻症、中症）、西生菜（投保人豁免）等，都只是锦上添花。

只要牛肉饼够吃，其他的辅料，有钱就加，没钱不加也没什么关系。

重疾险的保额及其他

年收入 20 万元的小王，重疾险的保额应该是多少呢？

这个问题没有正确答案，但有正确的思路。患重疾后，患者普遍面临的是 3~5 年的治疗康复期，与此同时，重疾导致收入中断将为家庭带来更大的压力。因此，重疾险的保额应至少覆盖投保人 3~5 年的收入。所以，对于小王来说，60 万元的重疾险保额一点儿也不多。收入没了，房贷还得还，银行可不管你是否得病；孩子和家人的正常生活也要继续，更不用说治病本身的高昂开销了。只要确保这款重疾险能提供 60 万元的重疾保额，有没有身故责任、多次赔付、投保人豁免，都无关紧要。

说完保额，接下来我们来聊聊重疾险应该保障多久和交多少年保费。

讨论这个问题有一个前提：我们选择的是长期产品。关于长期与短期的问题，我在第 2 章已经分析过了，对于重疾险、定期寿险，可以保终身或者保到 70 岁左右的长期产品，是我们的首选——不仅价格更划算，也不会出现保险中断的情况。

长期重疾险的缴费期往往有多种选择，既可以选择趸交（一次性交完），也可以选择 10 年交、20 年交，少数产品甚至还设计了 30 年交的方式。

作为消费者，你完全不用纠结，因为不管你选择何种方式，对于保险公司来说都一样。当我们把不同保额和不同保障期限组合后，得到的保费金额是确定的。不管是 20 年交还是 30 年交，都相当于分期支付了这笔保费。分期时间越长，每期所需缴纳的保费就越少。

和缴费期限相比，对消费者来说，最大的难点其实在于如何确定保障期限。

保障期限的延长，会带来保费的升高。没办法，一个人年龄越大，罹患重疾的概率就越高。如果预算充足，保终身当然是最好的选择。但如果我一时半会儿拿不出那么多钱，有没有什么权宜之计呢？

当然有。在确保保额充足的情况下，我们可以把保额拆成两个产品来实现，一个保到退休，另一个保终身。比如，对于需要 60 万元重疾险保额的小王来说，可以选择买一份保终身的 30 万元保额的重疾险，再买一份保到 70 岁的 30 万元保额的重疾险。这比直接购买一份保终身的 60 万元保额的重疾险，花费更少。这种终身险和定期险搭配购买的方法，一方面可以解决人生关键时期（退休前）的风险问题，另一方面可以确保步入老年后也有保障。

定期寿险：解决人生中最大的风险

站着是一台印钞机，躺下是一堆人民币。

——“槽叔现代汉语大辞典”对“中产阶级”的名词解释

“人世间最可悲的事是什么呢？人死了，钱没花完。”这是小沈阳在央视春晚舞台上说过的一句“名言”。

中国保险市场长期以来被各种各样的“槽点”围绕。其中有一个笑话是：人都死了，你还给我钱干什么！明摆着骗我呢。

所以，纯粹以死亡为责任的简单寿险产品，一直没什么市场。消费者很难理解寿险存在的意义：我都死了，你还给我钱干什么？天底下还有比这更可笑的事情吗？

除了不被认可这个原因之外，保费低、产品佣金不高，就连保险业务员都不喜欢这类产品，缺乏销售的动力。

消费者不喜欢，业务员不愿意卖，以至于定期寿险在中国市场的日子就是这么不好过。好在通过互联网的宣传和介绍，越来越多的人开始认识和接受这类产品。这类最符合保险本义的产品，终于有机会回到保险行业的聚光灯下。

为中产阶级量身打造

如果说重疾险的赌注是病，寿险的赌注就是命。定期寿险赌的则是一段时间的命。比如投保人于30年内身故，受益人即可获得理赔款。一般的定期寿险，除了保障身故，还会把全残也视作与身故等同的责任。

定期寿险在美国的普及，一定程度上与美国中产阶级的崛起有关。社会学家米尔斯对中产阶级这个群体有过非常到位的评价：他们大多没有自己独立经营的财产，而往往作为高级雇员为拥有大型资本的人工作。因此从财产方面说，他们的地位和普通劳动者一样，但从职业收入方面看，他们又处在中间层级，所以 middle class 也可以翻译成“中等收入阶级”。由于没有财富积累和生产资料，中产阶级的抗风险能力偏低，尤其是身故风险。

人们往往认为定期寿险仅限家庭顶梁柱购买，这种略显大男子主义的表述，其实并不准确。

当你走出校园，成为一名以工作换取报酬的自力更生的人，不管你是男是女，是否结婚生子，都意味着你开始背负一定的责任了。

单身的人理应关心父母的养老问题，新婚的人会增加对另一半的考虑，有了孩子后，责任更重。处于不同人生阶段的人，至少会面临父母养老、伴侣和孩子生活开支等问题中的一个。因此，人人都应该有一份定期寿险，这句话一点儿也不夸张。

这里需要额外强调一点。谈到身故风险，很多人会联想到意外险，因为它不是也有身故保障吗？

意外险只保障由于意外导致的身故。通俗地说，如果是意外造成的死亡，就赔；如果是疾病造成的死亡，则不赔。

表 3-1 是基于 185 万条理赔数据的分析发现。针对身故理赔数据，我们将死亡原因细分为“疾病”“意外”“自杀”“下落不明”“信息缺失”。其中，“疾病”和“意外”为占比最大的两类死亡原因，分别为 79.3% 和 18.9%。

表 3-1 死亡原因占比表 （单位：%）

死亡原因	男性	女性	合计
疾病	77.4	83.1	79.3
意外	21.1	14.6	18.9
自杀	1.0	1.9	1.3
下落不明	0.1	0.1	0.1
信息缺失	0.4	0.4	0.4

资料来源：《中国人身保险业经验生命表（2010—2013）》，2016 年 12 月发布。

从表 3-1 中可以看出，意外险的保障范围远小于定期寿险。换句话说，每 100 起身故案例中只有不到 20 起是因为意外造成的，所以，单纯购买意外险，是无法解决身故的风险的。

如何选购定期寿险？

确定保额是关键性的第一步。保额的高低，决定了投保人身故后他的妻子、父母或者孩子能拿到多少补偿。定期寿险的保额，主要取决于三个因素。

一是个人和家庭的债务额度，比如房贷、车贷等，确保一方身故后，债务不转嫁到另一方或父母身上。我家的月供是 15 000 元，这笔钱如果让我太太一个人承担，压力实在太大了。

二是家庭成员的基本生活成本。如果家庭每年的开销为 20 万元，那么身故理赔金至少应为 100 万元，以负担家庭未来 5—10 年的基本生活开销。

三是父母的养老支出，这笔费用的计算逻辑和上一个类似。

假如一个家庭的负债和开支情况如下所示，我们就可以算出大致的保额需求。

房贷：200 万元；

车贷：20 万元；

家庭 5 年开支合计：15 万元 ×5 年 =75 万元；

父母年龄都为 60 岁，按照 85 岁的预计寿命，养老金为每人每年 4 万元，总计 200 万元；

合计：495 万元。

因此，他的定期寿险保额应为 500 万元左右。如果因为预算不足负担不起这么高的保额，可以根据优先级排序，先解决最迫切的风险，比如房贷，起码要做到身故后家人无债一身轻。

定期寿险还要考虑的问题是保障期限。到底要保到多大年龄呢？我个人建议，以退休年龄为标准，60 岁或 70 岁皆可。至于缴费年限的选择，我建议尽可能拉长，20 年交或 30 年交皆可。缴费年限越长，年均保费越低，从而做到用尽可能少的钱去撬动尽可能高的保额。

保额、保障期限和缴费年限都确定后，我们在选购具体产品时，还要格外关注三个方面：

第一，核保是否宽松。这是最重要的，因为如果健康告知非常严格，想买也买不了，何谈其他？比如，有的定期寿险不接受乙肝小三阳患者，有的不接受高危职业从业者。所以我们一定要弄清楚投保要求再买，尽量避免理赔时的潜在纠纷，才能真正做到安心。

第二，除外责任多不多。前文在分析如何阅读保险条款的时候，专门强调要关注除外责任。比如，有的定期寿险明确指出，因为战争、军事暴乱导致的死亡，它们概不负责。那么，对于去中东、非洲等地区旅游或工作的中国人来说，这种定期寿险就得慎重考虑购买了。

第三，价格低不低。如果上面几条标准比较起来都差不多，问题就变简单了：哪个产品便宜就选择哪个。这种以死亡为给付标准的产品，本质上就是一锤子买卖，理赔又相对简单，所以价格优势就是最后的“王炸”了。

当定期寿险为房贷而生

在贷款买房越来越普及的现代社会，最愿意看到定期寿险普及的其实是银行。

道理很简单：银行是出借方，万一还款人不幸身故，还款的不确定性就会立即增大。如果真发生了严重的还贷逾期，按理说银行可以收回房子，毕竟房子是抵押物。但实际操作时这种做法往往不太可行。所以，银行希望通过定期寿险这类产品，把贷款人的身故风险转嫁给保险公司。

这其实是一件三方获利的事情：保险公司获得了保费，银行收回了贷款，借款人则可以确保房屋不会被收回。

但遗憾的是，这件事一直没做起来。原因其实就在于借款人的一句话：你凭什么强制卖给我保险？此话一出，这件事只好作罢。

在客户面前，银行和保险公司有时也算是弱势群体。

针对房贷风险，保险行业专门设计了一款保险，名字叫作减额定期寿险。顾名思义，减额定期寿险就是保额递减的定期寿险。

房贷一族应该都清楚，不管你的还款方式是等额本息还是等额本金，随着还款越来越多，每年的贷款余额就会不断减少。那么，有没有一款定期寿险，保额也随着房贷余额递减呢？

保额越低，保费就越少。初始保额为150万元的减额定期寿险，我们把最大值（150万元）和最小值（5万元）相加以后除以2，相当于获得了一款保额为75万元的普通定期寿险。这样一来，价格也可以降低一半。对预算不多的房贷一族来说，这种产品设计真的很贴心。

其实减额定期寿险并不是什么新产品，2005年至今，中国保险市场上出现过10多款减额定期寿险产品，只在形态上稍有差别。

这里还有一点需要注意：减额定期寿险的应用场景仅限于房贷。前文介绍的普通定期寿险才是基础，而减额定期寿险只能起到锦上添花的作用，毕竟“保额逐渐降低”这个设计只符合房贷余额的变化趋势，而不符合我们的收入变化趋势——明明赚得越来越多，保额怎么能越来越低呢？

拉长定期寿险，即可得到终身寿险

请想象货架上的一个商品，名为“70岁以后的身故补偿”。产品介绍是：当你年逾古稀后不幸身故，本产品可以帮你偿还房贷，向你的父母提供一笔赡养费用，向你的子女提供可使用多年的教育金。

可是如果你仔细一想：不对啊，70 多岁的人哪还有上述需求。这个商品听起来吸引力也不大。不过，只要价格合理，买一个也无妨。我们现在来猜一猜，在保额相同的情况下，终身寿险比定期寿险贵多少？

答案是：终身寿险的价格是保到 60 岁的寿险的 5 倍，是保到 70 岁的寿险的 3 倍。如果你对此还是没什么概念，咱们可以直接算笔账。

同样的 100 万元保额，以 30 岁的男性为例，保到 60 岁，价格大约为 3 000 元；保到 70 岁，价格大约为 5 000 元。但如果选择保终身，价格就变成了 15 000 元左右。大家嘴上说着要保终身，但最诚实的可能还是我们的钱包。

终身寿险虽然贵，但有独一无二的价值，否则保险公司为何要开发这类产品。

比如，假设某天你摇身一变，成了一名有离异史的亿万富翁，对现任妻子所生的女儿与前任妻子所生的儿子，你想分别给他们留 1 000 万元作为遗产，该怎么做？

给他们各买一套房？房产市场存在各种限购政策，价格也不断波动，如果你的孩子是未成年人，房产证上还要写上监护人的名字。

给他们各留一些股权？股权转让相当复杂，而且考虑到企业控制权和其他股东的利益，它并不是一个人就能决定的。

给他们各制订一份信托计划？家族信托设立门槛高，而且要负担相当可观的管理费，并非人人适用。

所以，对于有一定身家的高净值人群来说，终身寿险是当下可供选择的、非常重要的财富传承手段之一。它等同于将一笔定额遗产以理赔款的形式，在未来某个时间段支付给指定的受益人。

有钱人的世界我们不懂，买好自己的定期寿险才是当务之急。

在中国，定期寿险的普及还有相当长的一段路要走。

举个真实的例子。大学师兄向我咨询保险的时候，对于定期寿险非常不理解。

槽叔：你给你在北京的房子买个家财险，一年到头也没被水淹，更没有遭遇地震、爆炸等事件，我看你也没抱怨什么。

师兄：因为家财险便宜啊，一年才200多元！

槽叔：那你的车险呢？奥迪A6L每年的车险就1万多元，但一年到头没出险也没理赔，我看你还是没什么怨言。

师兄：……

槽叔：你看，你都愿意花好几千元买串佛珠挂在汽车后视镜上，不妨每年交3 000多元的保费，就当保平安了。

也许这句话触动了他，这位师兄最后投保了一份200万元保额的定期寿险。

商业医疗险：让高额医疗开支不再可怕

插管后 ICU（重症监护病房）的费用直线上升。预计插管能顶 72 小时，如果还不行，就要上人工肺了。人工肺开机费 6 万元，之后每天 2 万元起。我们估算了一下，家里所有的理财产品（还好没有买 30 天以上期限的产品）、股票卖掉，再加上岳父岳母留下来养老的钱，理想情况下能撑 30—40 天。

那么 40 天以后呢？

——引自微信爆款文章《流感下的北京中年》

我的工作属于久坐型，要么在写报告，要么在开会。因此，我格外注意健康饮食和适度锻炼，再加上运气好，很少去医院。

对我来说，每次看病也成为难得的了解医疗保险流程的机会。挂号、排队、问诊、开药，花费半天的时间，我可以了解到哪些费用可以报销，哪些则需要自费。

偶尔遇到医生对我说：这药可得自费啊。我听到后心里往往一阵窃喜，并脱口道：没事，我有包含医保范围外的商业医疗保险。

是的，我会逐字把“包含医保范围外的商业医疗保险”说得清清楚楚，以彰显自己的与众不同。医生除了觉得我很有保险意识外，八成也会觉得我脑子有点儿问题。这应该也属于职业病吧。

这样看来，医保不予报销的费用，可以通过商业医疗保险（有时我们也简称其为“商业医疗险”）来解决。那么，商业医疗保险应该怎么买？有哪些注意事项？下面我们好好讨论一下这些问题。

人们常说的医保到底是什么

不知道你听没听过这个说法：我已经有医保了，没必要买保险。

在评价这个观点之前我们有必要先了解一下，“医保”到底是什么意思。

但凡靠谱一点儿的公司，都会为员工缴纳五险一金。这里的一金指的是住房公积金，五险指的是养老保险、医疗保险、失业保险、工伤保险和生育保险。其中和我们日常生活关系最为密切的就是医疗保险，即我们常说的医保了。毕竟除了身份证，医保卡堪称最重要的个人证件。关于医保卡背后，人们有一个相当普遍的认识：只要拿着这张医保卡，看病就可以报销。

严格来说，这其实是一种幻觉，因为医保不是万能的，也做不到“看病就能报销”。在用医保卡看病的过程中，我们都接触过一些陌生的名词，比如起付线、药品目录、自费药、报销额度等。

起付线的意思是，每年只有花到一定金额，才能开始报销，否则就都是自费。比如，北京的医保起付线是 1 800 元。如果一年到头只花了 1 500 多元，就都要自费。药品目录指的是在医保系统中，对于医疗机构开具的药品做了不同分类，不同类型的药品报销额度也不一样，有的可全部报销，有的则只可报销一部分，还有的药全部要自费购买。报销额度很好理解，即使药品、治疗等都在报销范围内，医保也不是无限制的报销，整体来看，每年的报销额度范围为 20 万 ~30 万元。对于罹患重大疾病的患者来说，这一额度根本无法满足他们长期、昂贵的治疗需求。

为什么医保有这么多的限制呢？这是由医保的性质决定的。从本质上说，医保是一项国家福利，最重要的目标是覆盖到尽可能多的群体，让每个人都能享有最基本的医疗保障。

医保的覆盖范围广，主要体现为两点：一是不限制参保人员。不管你有什么健康问题，得过什么病，只要每个月交一点儿钱，就能享受这项福利；二是永不停售。医保不在乎你报销过多少钱，即使你去年只交了几百元，却报销了好几万元，明年医保依然会对你敞开大门。

当然，这是有代价的：牺牲保障质量。对于医保来说，池子里就这么多钱，到底是让更多人分到，哪怕只是一点儿；还是让一部分人分到，而且多一些？医保的选择显然是前者。

既想保障人群广，又想保障质量高，这在人口众多、区域发展差异巨大的中国，是一个不可能完成的任务。

医保不管的，让商业医疗保险来管

既然政府推行的医保面临种种问题和限制，就该保险公司登场了。

当我们讨论商业医疗保险的时候，“商业”二字的存在，不仅是为了做理解上的区分，也希望你能充分认识到它是保险公司的一门生意，而医保却是政府管理社会的一种手段。

明确这一点，对理解商业医疗保险来说至关重要。我们来考虑一个看似简单的问题：医保用来报销的钱是从哪里来的？

理论上，这些钱必然是每个医保参与者缴纳的，即每个月都会从我们的工资里扣除。但问题在于，有些不交钱的人也在享受医保福利，比如退休群体或从未交过医保的群体。

政府考虑的是全社会各个人群的利益平衡和共享，而不在意这个人是否交过钱。正因如此，医保长期处于缺钱状态，也就可以理解了。缺钱的时候该怎么办？政府会努力通过财政拨款、提高医保资金的投资收益来解决。

与之相比，商业医疗保险就简单多了。不需要顾虑谁，也不需要迁就谁，归根结底一句话：谁交钱谁享受，不交钱则不享受。这就是商业的本质。

所以，商业医疗保险自然也是花多少钱就办多少事，它可以被分为高端、中端和低端等档位。我们把自身的需求和手头的预算相结合，找到最适合自己的商业医疗保险，这是最重要的。

和重疾险、定期寿险相比，医疗险稍显复杂。这好比你走进西餐厅，菜单上丰富的菜品令你眼花缭乱。前菜和主菜怎么搭配？要不要来个甜点？不用着急，看似复杂的医疗险其实只包括两种产品。

第一种是包含门诊责任的商业医疗保险，可暂且称之为门诊医疗保险。这种产品保额不高，一般是几千元。有的门诊医疗保险会设置一个免赔额，比如单次 100 元或者累计 500 元。免赔额和政府医保起付线是同一个概念，都是为了减少理赔支出，实际上也起到了降低保费的作用。

第二种是包含住院责任的商业医疗保险，我们称之为住院医疗保险。这类产品的保额就高多了，几十万元甚至上百万元都很常见。和门诊医疗保险相比，住院医疗保险是下文要重点介绍的产品。

门诊报销确实爽，但遇见大病肯定慌。当所患疾病严重到需要做手术和住院的时候，单纯覆盖门诊责任的商业医疗保险就没什么用了，尤其对恶性肿瘤这类危重疾病而言，使用靶向药、质子重离子治疗等医疗手段，往往需要患者自己投入高额、长期的医疗费用。这时候能够挺身而出的，只能是住院医疗保险。

如今，市面上单纯保障门诊责任的医疗保险越来越少了，这类产品的理赔数据通常比较糟糕，往往是赔钱买卖。而与之形成鲜明对比的是，住院医疗保险市场却越来越有活力，新产品也层出不穷。该现象反映出，无论是保险公司还是消费者，大家都逐渐认识到一个长期被忽视的常识：

> 能被称作风险的，必然意味着财务上的巨大影响。所以和几十万甚至上百万元的医疗支出相比，几千元的门诊、住院费用，真的称不上风险。

换句话说，如果保险产品同样标价500元，你是用这500元来应对可能发生的5 000元门诊花销，还是可能发生的100万元手术费和住院花销呢？

当然，我们可以两种保险产品都买，但医疗保险的选择，本质上是个优先级排序问题。只要解决了大额医疗开支的风险问题，买不买门诊医疗保险就完全取决于我们的腰包，这件事没有对错。

看完上述介绍，你应该知道自己究竟需要什么样的医疗险了。而我要提醒你的是：别忘了非常关键的健康告知。

医疗险的健康告知，与重疾险、定期寿险同等重要，而且内容一点儿都不少。由于它的等待期更短，所以尤其担心客户带病投保，在购买前，请务必仔细阅读健康告知，确认无误才能买得安心。

等待期、健康告知、免责条款等的存在，是为了防止逆选择。把隐瞒告知、带病投保的“不守规矩者”挡在门外，说到底是为了维护规则遵守者的利益。没有上述这些规定，才让人担忧。

买了重疾险，还要买医疗险吗

重疾险和商业医疗保险，都是为了解决疾病带来的问题。所以，很多人都觉得这两类产品有些重复。要解答这个困惑，不妨看看这两类产品到底有什么差异，这些差异可能就是它们之所以存在的原因。

首先，重疾险和商业医疗最重要的区别，是保险公司的理赔方式不一样。

重疾险有点儿像一锤子买卖，只要符合条款规定，保险公司就会把理赔款一次性打给你，无论是几万元还是几十万元。

商业医保就不一样了，花多少才能赔多少，保额仅代表可报销额度的上限，而你不一定能花掉这么多钱。这一点其实和政府医保是一样的。举例说明，我们拿着一大摞发票去报销，既有治疗费、药品费又有床位费，除去政府医保报销的部分，自费金额约为 5 000 元。这时，就算你的商业医疗保险的保额是 100 万元，保险公司拿到这些医疗发票，最多只会把这 5 000 元理赔给你。

如果一个人罹患影响正常生活的重大疾病，那他主要面临的问题有两个：一是治疗费用太高，掏空家底；二是无法继续工作，失去收入。前者可以靠商业医疗保险解决，后者则只能靠重疾险解决，两类保险的功能不一样。

此外，重疾险和商业医疗保险在定价和续保方面也有区别。长期重疾险每年的保费是恒定的，商业医疗保险的保费则会随着被保险人年龄的增加而上调，有的是 3 年一调，有的是 6 年一调。调价的原因，可以简单理解为医疗费用和理赔数据的变化。门诊发生率、住院发生率、治疗费用和药价的变动，使得医疗险必须按照自然费率定价。需要注意的是，定期调价不是产品的“劣势”，而是一种“特质”。就像猪肉涨价，只是对于通货膨胀等经济变化的一种反映，你不能因为猪肉涨价就认为猪肉这个“产品”本身是骗局，不值得买和吃。

猪肉会涨价，猪肉也可能会停售。如果一个养猪户总是赔钱，他必然会放弃养猪，而消费者无权追着养猪户质问他为什么不卖猪肉了。没有哪个商户会保证一直卖猪肉，医疗险也如此。目前市场上大多数医疗险都是一年期产品，如果第二年你想继续投保，得先看看保险条款是怎么规定的，通常有以下两种情况。

第一种是，卖不卖给你，我说了算。投保人的续保申请须经保险人审核同意，投保人申请续保时，保险人有权对费率进行调整。为什么保险公司会拒绝消费者的续保申请呢？道理很简单，一年期产品可以停售。即使产品不停售，如果保险公司认为被保险人的疾病需要治疗多年，考虑到未来几年的赔付情况，也会直接拒绝客户的续保申请。保险公司拒绝续保，会让客户突然置身于风险之中。虽然这并不违背保险条款的约定，但至少我们应做到远离这种产品，毕竟风险太高。

第二种规定是，只要这个产品还在销售，保险公司就肯定会卖给你。连续投保时，保险人不会因为某一被保险人的健康状况变化或历史理赔情况而单独调整该被保险人的连续投保费率。如果被保险人超过 80 周岁或该保险统一停售，保险人就不再接受投保人的连续投保。

这段话虽然有点儿绕，但字字清晰、准确。它的意思是：即使去年理赔给你很多钱，而且今年可能还得赔钱给你，我们依然会让你继续投保，价格也和同龄人一样。只有当产品全部停售或者被保险人超过 80 岁时，我们才不会再卖给你。

这说明什么？说明这个养猪户的养殖规模已经足够大，每年的盈利情况足够好，即使单独卖给某个人是亏本买卖，他也会继续把猪肉卖给他。

说了这么多，可能你已经忘了为什么要分析医疗保险的定价和续保这两个问题了。

因为我们要比较分析重大疾病险和医疗险。医疗保险的续保特质，使得长期重疾险的存在变得更加有意义。即使买了好几年的医疗保险停售了，我们也可以通过长期重疾险来获得保障。

作为保险从业者，我看过太多的保险产品，也看过太多的真实理赔案例。一场大病给一个家庭带来的痛苦很难量化，但有一点是确定的：

当风险袭来时，不幸的家庭都是一样的——他们最终都陷入了因病致贫的终局。所谓的因病致贫，世界卫生组织将其定义为：家庭因支付医疗卫生费用而导致家庭整体经济低于贫困线。

比如，小A来自农村，不幸罹患白血病。他的父母平时节俭度日，攒下的几万元钱在巨额的医疗费面前无异于杯水车薪。在无力治病的情况下，全家陷入了重度贫困。小B来自大城市，父母有几十万元的存款。小B不幸罹患重疾，高额的自费治疗使得家中几十万元的存款迅速被花光，只能卖房治病。几百万元花出去后，小B的病虽然得到医治，但家庭资产的折损、父母工作的中断，导致小B的家庭遭遇阶层滑落，这是属于中产阶级的因病致贫。

据国家统计局与国家卫计委的相关数据，在2000—2014年的十几年时间里，我国居民个人承担的卫生支出占比从59%下降至29%。虽然这个成绩来之不易，但近1/3的个人占比，约为英国、美国、日本等国家的三倍，远高于全球平均水平。

依靠保险公司的商业医保解决每个人的潜在大额医疗开销风险，不仅保险公司希望你接受这个观念，不堪重负的政府医保同样如此。

意外险：不容忽视的“小”保险

明天和意外，不知道哪一个会先来。

——帮我成功说服家里老人做到乘车系安全带的一句话

蹒跚学步的孩子可能跌倒摔伤，开车上下班的白领可能突遭车祸，公园跳舞的老年人可能扭伤脚踝……意外带来的风险，很容易理解。意外险可以覆盖所有群体，不分男女老幼。

据统计，每年因为受到意外伤害而进急诊和住院的患者超过2 000万人。中国疾病预防控制中心的数据显示，包括溺水、交通事故、跌落、烧伤、窒息在内的意外伤害，是导致我国未成年人死亡的首要因素，远超疾病死亡率。对于大多数人来说，在个人和家庭保险的配置中，意外险是最便宜的，一年只需几百元，就能买到保障责任全面、保额较充分的产品。

意外险花钱不多、看似简单，但要找到适合自己的靠谱产品也非易事。

意外险保什么、不保什么

和寿险、健康险、医疗险相比，意外险似乎更容易理解，毕竟它听上去非常简单——只要是意外造成的风险，就属于意外险的保障范畴。但话说回来，到底什么是意外呢？

> 遭受外来的、突发的、非本意的、非疾病的使身体受到伤害的客观事件。自然死亡、疾病身故、猝死、自杀及自伤均不属于意外伤害。

在每份意外险的保险条款里，你都能看到这样的描述。这段话表达了两层意思：

第一，外来的、突发的、非本意的、非疾病的使身体受到伤害的客观事件，属于意外；

第二，自然死亡、疾病身故、猝死、自杀及自伤，不属于意外。

举个例子，某公司员工小张连续三天加班，晚上12点多在回家的路上不幸遭遇车祸身故，车祸属于外来的、突发的、非本意的、非疾病的意外事件；如果小张连续三天加班，因过度劳累引发脑梗，且抢救无效不幸身故，则脑梗死亡本质上属于疾病身故，不属于意外。

看到这里希望你能意识到，除了珍惜自己的身体，还要配置一份定期寿险。毕竟定期寿险不会在意你的死亡方式，它更加包容。

猝死作为最容易被误认为意外的概念，经常引发争议和讨论，我在此提出来是希望更多的朋友意识到：这不是意外险的局限，也不是中国保险公司的独创，而更多是基于风险的不同定价。保险公司推出过包含猝死责任的意外险，价格稍高，如果你确实觉得有需求，选择购买包含猝死责任的意外险即可。

除了猝死，意外险还有一些“不保”。

比如，意外险通常不保高危职业从业者。道理很简单，在摩天大楼的脚手架上作业的工人和天天坐在办公室里的你，面临的风险能一样吗？因为换房，我先后经历过两次装修，每次都遇到施工队里有工人师傅摔伤、烫伤，虽然都不是发生在我家，但我也感同身受。

你可能觉得不公平，因为真正需要意外保障的人却被排除在外。其实，保险市场上有针对高危职业的专属意外险，只需多花点儿钱就能买到。

除了特定人群“不保”，还有某类地区“不保”。关于意外医疗责任，保险条款中往往会有一个补充描述：只承担中华人民共和国国境内（不包括港澳台地区）医院产生的医疗费用和支出。

在制定意外险价格的时候，保险公司参考的国内赔付数据当然无法适用于国外的情况。出了中国国境，医疗费用千差万别，如果和国内混为一谈，得出的数据必然没有参考意义。所以，不管是出国旅游、工作还是学习，我们都需要额外购买境外意外险。考虑到境外旅游的人越来越多，这本书第 6 章中专门写了选购海外旅游险的攻略，记得好好读一读。

最后一个“不保”，是某些行为不保。被保险人从事潜水、跳伞、攀岩运动、探险活动、武术比赛、摔跤比赛、特技表演、赛马、赛车等高风险活动期间发生的意外，不在意外险的责任范围内。当我们参与这种高风险运动时，面临的风险呈几何级数增长，说白了还是额外的风险成本问题，问题的本质没变。

说了这么多“不保”，我仿佛看到你已经怒火中烧，打算把这本书撕个稀巴烂了。其实大可不必，我们的第一款意外险或者说最重要的意外险，只要能覆盖我们在国内日常工作和生活中面临的意外风险就够了。

之所以告诉大家意外险有这么多“不保”，是希望每个人都能意识到，今后对于出境、高风险运动、职业变更等特殊事件，应及时购买有针对性的特定意外险。

配置意外险的几条原则

原则一：必须涵盖意外医疗责任。

意外导致的结果无非两种：伤残和死亡。因此，意外险保障的责任有三个必选项：身故、伤残、医疗。就像在手机话费套餐里，通话、短信、流量是三大必备要素，同样，身故、残疾、医疗是意外险的三大必备要素。

需要强调的是，意外受伤的概率远高于意外身故，在确定意外险的价格时，保险公司也非常看重医疗责任的定价，毕竟其发生频率高。对保险公司负责理赔的工作人员来说，意外身故的理赔案件一天见不到一个，而意外医疗的理赔案件每天都堆积如山。

意外受伤后，我们最大的需求就是医疗费用补偿。考虑到很多意外产生的医疗费用医保都无法报销，意外险的医疗责任就更重要了。

至于意外医疗的保额，一两万就足够了。如果是一两万元都治不好的意外受伤，一定已经严重到需要做手术或者长期住院治疗了，这时理赔的责任就可以交给上文提到的住院医疗保险了。

另外，你可能听说过住院津贴或住院保险金，它的作用是，投保人每住一天院，保险公司就会支付给他几百元钱，主要是为了弥补住院期间的收入损失，颇为贴心，本质上也属于意外医疗的责任范围。住院津贴属于锦上添花型保险，而且要花钱购买，所以有没有都无所谓。

原则二：一般意外身故的保额应足够高。

之前介绍定期寿险时我提过一组数据：在所有死亡案例中，意外死亡占比不到20%。所以，同为100万元的身故保额，意外险的价格远低于定期寿险。这是由发生概率决定的。所以我强烈建议各位，尽可能把意外身故的保额提高。花最少的钱，撬动更高的杠杆，这是意外险的真实写照。说实话，意外险100万元身故保额在一二线城市根本不算高。

在这里我要提醒大家注意某些保险公司的“套路”。当你看到一个类似于“百万身价意外险”的打折产品时，请一定弄清楚它所说的百万身价到底是什么意思。举个例子，有个产品页面是这么描述该产品的：

一般意外身故：10万元

航空意外身故：100万元

既有一般意外身故，又有航空意外身故，到底该怎么理解呢？一般有两种理解方式。第一，一般意外身故赔付 10 万元，如果是航空意外身故，则赔付 100 万元。第二，一般意外身故赔付 10 万元，如果是航空意外身故，则额外赔付 100 万元，即 110 万元。不管哪种理解方式，都没有改变“只有航空意外身故才能拿到 100 万元的赔偿金”的客观事实。这种意外险虽然便宜，却没有意义，因为航空事故在意外风险中的发生概率相对较低。

对于这种偷梁换柱、玩文字游戏的保险公司，建议你直接将它们拉入黑名单。

我更喜欢以下这类保险：

一般意外身故：100 万元

航空意外身故：200 万元

这时，不管航空意外身故是单独计算还是累计计算，都符合大多数城市新中产对意外险的保额需求。

原则三：不同人群的意外险，侧重点不一样。

对于职场白领来说，意外险既要有足够的身故补偿（用于弥补家庭经济损失），也要保证受伤后有钱治疗；但对于孩子和老人来说，身故补偿就没有医疗费用补偿重要，毕竟他们不是家里的顶梁柱。因此，孩子和老人的意外险，应侧重于考虑提升意外医疗的保额，而没有必要追求意外身故的高保额。

原则四：保障时间一年就够了。

之前在介绍一年期产品特征的时候我提过，意外险和医疗险大多会设计成短期险，这样一来，就可以随时按照意外发生率和医疗成本的波动进行价格调整。因此，每年各家公司的意外险层出不穷，可能去年买的产品，到了明年就没什么竞争力了，这时直接换一家公司购买就好。由于意外险的几个基本责任都没有等待期这一说，所以可以做到无缝衔接。相较于重疾险、定期寿险、医疗险，这一点是意外险的独特优势。

一份科学的保险规划，应当包含每年对已有的保险方案做检视，以便及时补充新产品、增加保额。所以，不妨借着每年的这个时间点，看看有没有更好的意外险可以选购。

04

优化配置：给保险升个级

像有钱人一样看病

随着市场竞争越来越激烈，高端医疗险为了获得更多优质客户，开始尝试放下自己的身段。通过产品的重新设计和组合，最终实现低至一两万元甚至几千元的定价．

2017 年我晋级为父亲。我太太怀孕期间，我俩的共同希望是让她采取无痛分娩和我全程陪产。经过一番研究和咨询，我们沮丧地发现公立医院基本无法满足我们的这两个需求。

于是，我们最终选择了一家可以提供麻醉分娩（无痛分娩）和全程陪产（剖宫产除外）的私立医院。

其实，在决定去私立医院生孩子之前，我和太太也纠结过。

第一，三甲医院妇产科的水平肯定是最高的，也最稳妥。但考虑到太太并非高龄产妇，身体各项机能指标也没有大问题，选择私立医院完全可行。

第二，私立医院费用比较高。即使是顺产，算下来也要五六万元的开销，这对我们家来说可不是一个小数目，不过后来我们还是咬牙决定花这笔钱。其实，如果早两年做规划，我们就可以通过高端医疗险解决这笔开销。在大中城市的私立医院及三甲医院的特需部、国际部，不少患者都是通过高端医疗险来报销医疗费用的。

接下来，我们说说看上去“高大上”的高端医疗险，以及适合中产阶级的高端医疗险，到底是什么样子。

高端医疗，高端在哪里？

作为医疗险的一个分支，高端医疗险主要面向对门诊、住院有更高需求的消费者。

高端医疗险之所以高端，原因在于以下几点：

第一，保额更高。几十万元甚至几百万元的保额都是小菜一碟，从几千万元到不设限，高端医疗的保额完全超乎你的想象。

第二，医院更多、更高端。从三甲医院的特需部、国际部，到私立医院、国际医院，而且不限中国地区，从亚太地区到全球，基本覆盖所有类型的医疗机构。

仔细研究的话就会发现，在公立医院看病，即使你的医疗险保额再高，有时候也花不出去。治疗手段、用药范围、硬件设置，各个地区的医院都不一样，所以，医院又多又好，和高保额是相辅相成的。比如，三甲医院国际部的单人病房一天的房费就要1 000多元，配以足够高的保额，才能真正让高端医疗险发挥作用。

第三，保障更全面。除了传统的门诊、住院两大块之外，高端医疗险还包含分娩、牙科、眼科、体检等责任，要知道，这些治疗通常都在常规医疗险的除外项目里，一般医疗险都不管。而在高端医疗险里，只要你额外掏钱，就可以享受相关医疗服务。

第四，增值服务更多。早起排队挂号，排队等待问诊，再花上半个小时缴费、取药，这是大多数人看病的常态。但高端医疗险涵盖的医院显然可以让消费者享受到一流的就医环境和舒心的服务，也能提供 24 小时医疗咨询和救援服务。在国外看病，还可以提供外语翻译服务，真可谓无微不至。

第五，理赔体验更好。一般医疗保险的理赔流程是：看病的时候，要先自己垫付，然后把一张张单据提交给保险公司，审核通过后才能拿到报销款。这样不仅麻烦，也会影响现金流。遇到大病，一次性需交几万元，一时半会儿拿不出钱来怎么办？高端医疗险就简单多了。购买后通常会拿到一张保险卡，客户可在签约医院直接刷卡或签字，由医院和医疗服务商之间直接结算，无须客户垫付。

总之，不管你在哪个国家，都可以在高端的医院里享受最好的医疗服务，而且不用掏一分钱。这就是高端医疗险带来的优质体验。

以 Bupa 为例详解高端医疗险

Bupa 是什么？它是一家英国的医疗健康集团。简言之，Bupa 把自己的医疗资源包装成保险公司的医疗险产品，将其摆上货架供消费者选购。

Bupa 不仅有自己的医院，还在全球范围内收购了多家医院。它也与全球各医疗机构都建立了长期稳定的合作关系：双方互相认可，我给你带来客户，你为客户提供一流的医疗服务，客户花了多少钱，由咱俩直接结算。这种模式意味着 Bupa 和多家医疗机构在数据、网络等方面实现了无缝对接。

是的，Bupa 就是这么厉害，毕竟它从 20 世纪 40 年代创立伊始就在做这件事了。

让我们以 Bupa 为例，看看目前国内最贵、最奢侈的高端医疗险到底长什么样。为确保客观中立，在这本书里我会避免提到具体保险公司和保险产品的名称，但就高端医疗险而言，没有比 Bupa 更适合作为分析案例的了。

Bupa 高端医疗险提供了 5 种套餐供客户选择，套餐名称不太好记，为了便于大家理解，我把它们暂且称为 A、B、C、D、E。表 4-1 是一个简单的梳理。

表 4-1　Bupa 高端医疗险各套餐价格表　（单位：元）

套餐名称	卓越住院	智选	优越	精英	尊尚
编号	A	B	C	D	E
30 岁投保价格	12 002	29 106	41 851	70 618	181 440
40 岁投保价格	13 589	38 140	54 577	86 139	288 861

表格一目了然，其中 A 的价格最便宜，原因很简单：A 不包含门诊责任，而且只能报销亚太地区医院的诊疗费用。

接下来，我们开始制作高端医疗险这款“三明治”，在制作过程中，我们会不断地往里面添佐料和配菜。

第一步，给 A 加上门诊责任（有免赔额），取消只能在亚太地区就医的限制，但美国除外。于是，我们得到了 B。

第二步，给 B 增加保额，加上牙科（有免赔额）和疫苗等责任，取消门诊免赔额。于是，我们得到了 C。

第三步，给 C 增加保额，加上怀孕分娩、家属慰问探访等责任，取消牙科免赔额，也不限制就医区域了，全球范围内你在哪里看病都行。于是，我们得到了 D。

D 已经相当高级了，但是故事到这里还没完。

因为真正的富豪会问：为什么要限制保额？

没问题，不管是门诊还是住院，保额完全不受限制。让我们把视力矫正手术、足部护理、辅助治疗师等需求，能加的都加上。最终，我们得到了闪耀着金钱光芒的 E。

E 就是高端医疗险的终极形态，我把它叫作“十八万先生”（对于 30 岁的我，每年需要花 18 万元才能享受到这种服务）。

一个人一年要赚多少钱，才肯花 18 万元买一份医疗险呢？

别想钻漏洞

记得几年前刚接触高端医疗险时，我的第一反应是：如果哪天我买了高端医疗险，我一定要常去医院，否则这保费就交亏了，总之得把保费赚回来吧。其实，有这种“穷人思维”的大有人在。

如果不设置科学有效的机制对医疗机构和客户进行限制，就很有可能出现“过度医疗”的结果。这个问题保险公司早就考虑到了。

大家不妨跳出“保险产品”的思维，把缴纳的保费当作未来一年的治病预付款。一年后，你得到的结果不外乎两种。

第一，实际花销超过这笔预付款。从财务上说，你是“赚了”，保险也真正发挥了作用，但我们都知道屡次看病并不是什么好事。第二，实际花销比预付款少。从财务上说，你白交了部分保费，有点儿“亏”。不过话说回来，这也意味着过去一年你的身体比较健康，是件好事。

在第一种情况下，保险公司和医疗机构都是输家，最终只会令理赔数据越来越难看，导致该保险产品在第二年价格飞涨，情况陷入恶性循环，各方都沦为输家。

在第二种情况下，你缴纳的保费大于医疗开销，产生了差额。也就是说，保险公司和医疗机构在过去一年的赌局里是赢家。这笔差额的一部分，有时候也会作为盈余分配给医疗机构。

为了确保高端医疗保险机制持续健康地运行，同时考虑到潜在的收入分配，医疗机构会从源头上防止过度医疗的发生，更不会与消费者联手骗保。当一种商业模式涉及多方参与者时，科学有效的制衡机制可以让所有参与者获益，这也成为高端医疗险市场的重要规则。

为了中产阶级，高端医疗险放下了身段

高端医疗险主要是为了满足高收入群体的医疗需求。从一开始，它就没想过“飞入寻常百姓家”，让自己从产品到定价都卓尔不群才是它的初心。就像路易·威登不会涉足万元以下的箱包市场一样，如果它真的想这样做，不说别的，它的消费者就不会答应。

但随着市场竞争越来越激烈，高端医疗险为了获得更多优质客

户，开始尝试放下自己的身段。保险公司通过重新设计和组合产品，最终实现低至一两万元甚至几千元的定价，让中产阶级也可以享受到高端医疗险的保障。

保险公司放下身段的第一种方式是，调整高端医疗险的具体责任和结构，把套餐变为单点。

我记得自己刚毕业时工资不高，当时北京三里屯有一家刚开业的汉堡店。我和太太都喜欢吃汉堡，但菜单上的套餐价格都很贵，于是我们提前打电话问了一下，结果发现可以单点汉堡。这样一来，既可以省一半的钱，还吃到了心仪的汉堡，至于开胃菜、饮料、餐后甜点，不吃也无所谓。

同样的道理也适用于高端医疗险。既然保险的保额、医院范围、涵盖责任都是灵活多变的，就可以做出各种各样的方案。

比如，只保障住院而不保障门诊，就能让价格降低不少。其中的道理很简单：门诊的发生概率远高于住院，去掉这个责任的话，将会减少很多理赔金额。这个道理在介绍医疗险的时候我也讲过。

再比如，保险公司有一份名为“昂贵医院”的清单，包含了收费最贵、档次最高的医疗机构，北京的和睦家医院（及其下属门诊部）、上海的东方国际医疗中心、香港的明德医院等都被归为昂贵医院。如果你觉得三甲医院的国际部就够了，不必选择昂贵医院，就可以省下一笔钱。

这样一来，市场上就出现了几千元钱的高端医疗险：只涵盖三甲医院特需和国际部，只保障住院责任，一年的保费只要三四千元（投保人为 30 岁的价格）。要知道，以月薪两万元的中产一族为例，每个月的医保就要 2 000 多元（个人交 400 元，公司交 2 000 元）。

这样看来，一年三四千元的“高端医疗险”，价格真的不算贵。

保险公司放下身段的第二种方式是，主动开发儿童医疗险市场。

一般说来，高端医疗险是不能为子女单独投保的。想给孩子买，就必须自己先买一份，这似乎有点儿强制购买的意思。但其实这也不完全属于商业手段，保险公司更多的是考虑到孩子尤其是婴幼儿的患病风险高，单独承保不一定赚钱。不过既然市场竞争这么激烈，有的保险公司便打破了这条隐性规则。更何况，这种做法还可以充分利用为人父母的消费心理。

当爸妈的都知道，有时候自己舍不得花钱，却舍得为孩子花钱。所以，涉及孩子的高端医疗险往往会保留门诊责任，毕竟孩子和大人不一样，会经常去门诊看病。而且，对增加门诊带来的保费提升，父母也更愿意接受——为了孩子嘛！只要不包含昂贵医院，一年交费一万元左右，就可以满足孩子的高端医疗需求。说起来，这年头给孩子报个补习班至少也得一万多元吧。

高端医疗服务下探的过程，也是中产阶级消费者逐渐适应它的过程。当中产阶级终于可以抱着“我是有钱人”的心态走进更高端的医疗机构时，却发现自己得时时考虑“这个是不是除外责任”“那个能不能报销”之类的问题，体验未免不畅。

在这个时代，拒绝新兴的中产阶级，就相当于拒绝了一个庞大无比的市场。更何况，今天的中产阶级未尝不能成为明天的高净值群体，不如把眼光放长远些，这个道理保险公司看来是知道的。

保险能为我的养老做什么？

这个世界上有两碗互相矛盾的鸡汤：一碗是让保险的长期投资应对未来的不确定性，这碗鸡汤的制作者是保险公司；另一碗是投资自己、享受当下，这碗鸡汤的制作者是各种消费品公司。

我在公众号上分享过我母亲买保险的故事。1997 年，她在业务员的劝说下购买了一份养老保险。每月交 180 多元，20 年后可以每月领 950 元，直至去世。

这样说你可能没什么概念，我换个方式重新讲述一下：

虽然完全不了解养老保险的产品定价、养老资金投资原理、内部收益率（IRR）等专业金融知识，但我母亲还是找到了一种年化复利近 9% 的优质资产。

真有这么厉害？是的，根据内部收益率计算，我母亲买的这款养老保险的年化复利就是 9%。

说实话，我真的要感谢那位业务员。如果我母亲现在发微信告诉我有一款复利 9% 的投资理财，问我能不能买，我会毫不犹豫地提醒她，千万不要上“e 租宝”这类骗局的当。

但在 20 年前，基于当时高利率的市场环境，这类养老保险的存在并不新奇，它是特殊历史时期的产物。可是，这笔堪称意外之财的养老金，却掩盖不了一个不容忽视的问题：950 元在今天能做什么？

我的直接反应是：妈，为什么你当年不选择交 1 800 元，这样一来，你现在每个月就可以领到 9 500 元了。即使在“北上广”，这个水平的退休工资也足以令人羡慕了。我母亲像看疯子一样看着我，言下之意是：1997 年，你妈每个月的收入还不到 1 800 元呢……

在距今有 20 多年的 1997 年，一个每月都能缴纳 1 800 元保费的人，她的收入应该是多少呢？以一个每月缴纳五险一金的上班族为例，无压力缴纳 1 800 元养老金的人，月薪至少为 6 000 元。

时间回到 1997 年，一个月薪 6 000 元的人拜时代所赐，遇到年化保底复利 9% 的理财产品，才有希望在今天过上月薪 1 万元的退休生活。想让商业养老保险发挥作用，持续的大额投入和不可复制的高收益率，这两个看似不切实际的前提条件缺一不可。

所以，养老保险到底有没有用？让我来回答这个问题。

拧巴的商业养老保险

保险精算人员会根据不同的风险开发相应的产品，来对冲风险带来的损失。

罹患重大疾病这个风险，可以靠**重大疾病险**和**医疗险**来解决。英年早逝的风险，则可以靠**定期寿险**和**意外险**来解决。但你听说过长寿风险吗？和死得太早一样，活得太久也是风险。当年赵本山在春晚小品里说“人活着，钱没了”就是这个意思。

养老保险又叫养老年金，是以被保险人生存作为给付条件的商业保险。在年轻时一次性或者分若干年缴纳一笔费用，约定未来某个时间点（比如60岁时）开始领取年金，每年领取的金额相同，领取期限通常为终身。这就是最常见的养老保险的形态。

但如果两个人交的钱一样多，每年的领取金额也相同，那么去世得早的人必然比去世得晚的人领取的总额少，前者好像有点儿亏啊。

这种看似设计不公平的养老保险，其实你我都在买。它就是五险一金中的养老金，而且确实没有考虑到身故问题。如果一个人好不容易熬到退休，终于可以领养老金了，两年后却不幸身故，子女虽然享有其个人账户的继承权，但余额更高的统筹账户（基本来自单位缴纳）却不能动。

这让我想到一个笑话：某医生收治了一名老年患者，老人平时节俭惯了，就医时也不舍得花钱（必要的钱）。对于这种患者，医生往往说一句话就能解决问题：大爷，这病要是治好了，你就能多领10年养老金，为了今后的几十万元养老金，今天花一千多元治病，你说值不值？

不包含身故责任看似不公平，但这种设计侧重于提升每年的领取额度，是真真正正的养老保险。别忘了，养老保险解决的是长寿风险问题，身故后这个风险就不存在了。和具有国家强制性的养老保险制度不同，商业养老保险面临的是充分的市场竞争。消费者的喜好自然不可忽视。

如果 A 产品既能领取养老金，又能领取身故赔偿金，显然比只有养老金的 B 产品好。很遗憾，目前国内市场的保险消费习惯还停留在“谁功能多谁就更好”的阶段。

这还不算完。有的保险公司琢磨出了一个道理：养老保险无法带来快感，主要是因为必须等到退休才能领取，那为何不能提前到 40 岁就开始领取呢？听完这话，另一家公司拍案而起：别等到 40 岁了，交费第一年就开始领吧，这样最爽！

于是，大量的养老年金都被设计为首年即可领取——交完保费，就能立刻拿到返还。

每年年底到春节前后两个月左右的时间，中国 800 多万名保险代理人和经纪人同时投入一场名为“开门红”的活动。在新年到来之际，上线新产品，提升激励水平，促使短期内大量成交。

2015 年前后，随着保险监管政策对于万能险和分红险等传统主力产品实施高压政策，“即交即返”养老保险的推出，迎合了客户“越早拿到钱越好”的观点，养老年金产品也成为“开门红”的主力产品。

增加身故责任，领取时间提前，不管是哪种设计，每年可领取的养老金数额都会受到影响。从本质上看，这类养老保险已经不那么纯粹了。

该不该买养老保险

假设你面前有一款商业养老保险：从 30 岁起，每月投入 2 000 元，在 60 岁退休后，每月可领取 6 000 元。面对这个产品，不同的人会有不同的认识。消费者觉得：这笔买卖我看不上，30 年后的 6 000 元根本不值钱。保险公司却觉得：这笔买卖太难做了，年化 4.3% 的复利我很难百分百保证。

商业保险的可悲之处就在于"两头不讨好"——一边是潜在低利率环境下的投资压力，一边是被高通胀吓怕的消费者。

过去 20 年，房地产、金融、互联网等高收入行业产生了巨大的影响，财富的成倍增长似乎是常态，通胀的居高不下让大多数投资的收益率都显得微不足道，人们对于未来的不确定性从未像今天这样强烈。

相比之下，社会结构平稳、阶层流动基本停止的西方发达国家，对养老金的认知和预期明显不同。今天的储蓄和明天的支出不会有太大差异，这是养老金存在的前提。

除了社会发展带来的价值观巨变，养老保险的销售方式也脱不了干系。商业养老保险习惯性地宣传它能一劳永逸地解决养老问题：买了养老保险，按时缴费，理想的退休生活就指日可待。过分抬高消费者的预期，无异于搬起石头砸自己的脚。

如果说重疾险、定期寿险等保障产品是风险发生时的雪中送炭，那么商业养老保险的作用只能是锦上添花。这个世界上没有什么投资能让今天月收入的一部分，在几十年后变成月收入的好几倍。今天购买的 1 000 元商业养老保险，只不过增加了潜在的养老收入。你只需要回答这个问题：每月交 1 000 元，现在是否承受得了；30 年后变为每月领取 3 000 多元，年化 4%~5% 的复利是否能接受。想靠一份养老保险彻底解决养老问题，可以说是痴心妄想。

所以，下次当你看见某款养老保险宣称能"彻底解决养老难题”，甚至“解决两代人的养老难题”，一笑而过就好。

基于上述认识，拿出个人收入和储蓄的一部分购买商业养老年金，是一种科学、正确的养老规划。持续投入资金（交保费），换取未来的持续收益（领退休金），让当下的结余享受尽可能久的保证复利收益。

我特别建议，每月缴纳五险一金和个人所得税的上班族，一定要投保税收递延养老保险，你可以把它理解为一种包含政府福利的养老保险政策。每月投入 1 000 元，除了获得 3%~4% 的稳健复利收益，更能直接获得一部分延迟缴税。

包括社保养老金在内，这些养老收入的安全性和稳定性最高，可以作为养老生活的基本保障。有了这些收入作为保底，可满足最基本的养老需求。

我们常说中国养老有三个支柱：第一支柱是政府养老金，第二支柱是企业年金、职业年金，第三支柱是包含税延养老险在内的商业养老保险。

第一支柱大家都懂，第二支柱很多人听都没听过，因为基本上只有效益很好的大国企、央企才会给职工买。所以对于很多人来说，他们必须选择第三支柱作为养老的重要补充。

来不及思考养老问题的一代人

在写这部分内容的时候，我特意和我母亲聊了聊。

槽叔：在您看来，1997年，每个月拿180多元出来，难吗？

母亲：说实话不算很难。身边朋友的工资基本上都是1 000元左右，每个月拿出20%买养老保险其实压力不太大，但买的人确实不多。

槽叔：那是什么原因呢？

母亲：大家确实不懂啊，而且年轻时总觉得55岁退休还是很遥远的事。我是因为当时那个业务员催了我好几次，他是咱们小区的邻居，天天抬头不见低头见的，于是掏钱买了，想想就当存钱了。[1]

这个世界上有两碗互相矛盾的鸡汤：一碗是让保险的长期投资应对未来的不确定性，这碗鸡汤的制作者是保险公司；另一碗是投资自己、享受当下，这碗鸡汤的制作者是各种消费品公司。

这两类公司的最终目的都是掏走中青年人群口袋里的钱。在这场战斗中，保险公司一直处于下风。无论保险公司推出什么养老保险产品，都很难打动这个处于人生上升阶段的群体。保险无法为消费者带来即时的快感，养老保险尤其如此。你可以把当下定义为消费时代或者欲望时代，但无论如何它都不是攒钱时代或储蓄时代。

老一辈人偏爱储蓄的观点，已经被当下的年轻人批判得体无完肤。你让我攒钱养老？电梯里的广告在对我说“一成首付买新车”，手机 App 提示我“免费苹果手机，今天就可拿回家”。鼓励消费者

① 当然，出于人情购买保险的行为并不可取。

的声音实在太多了。

年轻人拒绝递延的快感，他们认为快感能越早体验到，就越值得花钱。能做到按时偿还信用卡欠款，你就已经是同龄人中的佼佼者了。

保险公司还面临着一个雪上加霜的事实：公众对于理财、消费的认知不断改变。如果你告诉他有一份年化收益率为 4% 的复利投资产品，他一定会说“手机里可以买年化收益率为 8% 的 P2P（个人对个人网络借贷）理财”。即使你告诉他这个 P2P 产品有风险，过两年可能就达不到这个收益率了，而商业养老保险 4% 的年化收益率却是终身有保证的，他也一定会说“我管不了那么久，我只看当下”。

在这样一个个人主义至上的时代，个体意识的觉醒标志着自信、抱负成为中青年群体的重要标签。个体价值被无限放大，人们在回答“未来我们能赚多少钱”的问题时往往倾向于高估自己的能力。

这个世界到底会不会奖励未雨绸缪的年轻人，只有时间才能给出答案。

当保险作为一种投资方式

欧美和日本的经验证明，随着中产阶级的增加和老龄化的逼近，以养老金为代表的长期保险资金将会成为居民的重要投资方式。

本书的名字叫《你的第一本保险指南》，你可能会觉得有点儿不准确，因为全书写的都是怎么购买重大疾病险、定期寿险、医疗险和意外险。准确来说，本书应该叫保障类保险指南。直到现在，我才开始写怎么用保险赚钱。理财保险在本书中的地位，似乎和它在保险市场里的地位有些不相符。

说起来你可能不信，我在前面极力推荐的这 4 类保险，从保费规模看，绝对称不上中国保险市场的主力军。

买保险就是买保障？抱歉，这句话很多人听都没听过，他们只知道，买保险就是进行收益更高的储蓄，完全是为了满足投资需要。

说起理财保险，大家一般对保险有两个误解。一个误解是出了事不赔，本书的第 1 章已经对此做了解释；另一个误解是保险的投资收益还不如银行储蓄。

拿到钱就存银行，这是多么朴素的想法，代表了中国最广大群众对于安全、稳健的刚性需求，也隐含了“随用随取”的需求。把不低于银行存款利息当作投资收益的底线，客户似乎已经把要求降到最低了。如果连这条要求都辜负，难道保险业真的不知道“珍惜”二字该怎么写吗？

说到底，理财保险的收益是否真的不如银行利息？它最重要的投资价值在哪里？哪类群体适合购买？希望看完以下内容，你能科学地看待理财保险，更能告诉也许远在家乡的父母，如何让自己的辛苦钱变成真正优质的理财保险产品，而不是稀里糊涂地买到自己不需要、不懂的产品。

你在银行买过保险吗？

理财保险讲得好好的，为什么突然说起在银行买保险了呢？我先讲个故事。

李大妈明明是去银行存款，两年后想取钱的时候却发现自己买的是保险，而且不能支取，取了就相当于退保，会损失一大笔钱。

所以，谈理财保险，就不能不谈银行。中国每年几万亿元的保费，有 1/3 是在银行交的，而且银行成交的这些保险产品几乎都是理财保险。因为银行卖理财保险的行为，既顺理成章又天经地义。

银行是什么？在我们绝大多数人心中，银行是可以存款取息的地方，而且永远不会倒闭。当我来到银行，你却告诉我身故了怎么办，得了重疾怎么办，意外骨折怎么办，理财经理不被责骂才怪呢。

不吉利、晦气等传统观念，必然成为阻碍银行销售保障保险产品的原因之一。另一个重要原因是，理财保险产品简单易懂。当业务办理完毕，客户转身离开之时，柜员只需讲一句：先生你好，现在有一款6个月收益率为5.2%的理财产品你感兴趣吗？收益率、期限，只需要这两个数字，无论是谁都能瞬间理解，再多的语言都显得苍白。

所以，银行生态里的理财保险形成了一个完美的正向循环：客户喜欢理财保险，所以这类产品更好卖，银行自然也更愿意卖。这种循环不仅在银行里能看到，全国近千万保险业务员也在践行这条理论。前文提过，从每年年底到春节，这两个月左右的时间被保险公司称为“开门红”。

在开门红期间，保险公司会推出新产品，同时调高奖励额度，全国的保险业务员都会投入百分百的精力销售产品，其中的主力产品就是理财保险。

如果你查阅各家人身险公司每年的保费规模，就一定会发现：第一季度的保费收入轻轻松松即可占据全年总收入一半以上的份额。

从银行到保险业务员，数万亿的保险理财产品走进千家万户。但问题来了：你买的保险理财到底是什么呢？

理财保险到底是什么

关于理财保险的文章多如牛毛，而且几乎全是下面这种风格：

理财保险主要有 4 类，它们是万能型保险、投资连结保险、分红保险和年金保险。其中，万能险指的是……

说实话，这些介绍毫无意义。此类文章基本面向两大群体：保险销售人员和保险专业的学生。但前者大多懒得看，他们只要看产品销售话术就够了；后者大多是为了期末考试才看这些文章。所以从写文章的人到看文章的人，都沉浸在一场“大家都能看明白”的假象里。

而事实上，在选择理财保险的时候，客户根本就不知道自己买的是哪类保险，是保底收益率为 2.5% 的万能险，还是设计成分红形式的年金险。客户只在乎两件事。

第一，我算不清楚投资收益，但感觉每年都能拿到很多钱，应该是赚了。比如，我每年交 10 000 元，连续交 5 年，保险公司从第六年开始返给我钱，直至去世。至于我到底赚没赚钱，赚了多少，我算不出来，反正业务员告诉我赚了。

第二，我买的是固定期限、收益明确的理财产品。比如，10 000 元存 5 年，年收益率为 4%，5 年后变为 12 000 元。我清楚地知道将获得多少收益，我就是冲着这笔收益去的。

把这两件事说清楚，你就不会再上当了。

算不清收益率的保险理财

第一种保险之所以“算不清楚”收益，是因为你交的保费并非在某个时间点一次性返还给你，而是像分期贷款一样，逐年返还给你。年金保险往往属于此类。

以大家非常熟悉的房贷举例。不管是 30 年还清，还是 20 年还清，房贷的利息都是一个固定值。如果借银行 100 万元，贷款利率越高，每个月的还款金额就越多，银行赚得也越多。

下面，请你把自己当成银行，把保险公司当成月供一族。你购买理财保险，实际上就是向保险公司放贷，保险公司在未来的岁月里向你定期还款（你领取年金）。那么，如果你连“放贷利率”都不知道，这生意岂不是白做了？

为了确定“放贷利率”，你必须拥有一项技能：计算**内部收益率**。

如果年化收益率是 5%，那么前年投资的 100 元和去年投资的 100 元，在今天产生的收益是不一样的。货币有时间价值，投入越早，享受计息的时间越长，收益就越高。内部收益率正是考虑了每笔投资的时间价值，所以堪称最真实的投资收益率。

在年金险产品中，内部收益率越高，每年领取的金额就越多，这笔投资（这次放款）也越赚钱。

比如，有两款产品摆在你面前。

甲产品：30岁时一次性缴纳10 000元，从第二年开始，每年可领取460元，直到85岁。

乙产品：30岁时一次性缴纳10 000元，从第二年开始，每年可领取500元，直到85岁。

500 大于 460，所以乙的内部收益率更高（乙的内部收益率约为 5%，甲的内部收益率约为 4%）。

内部收益率堪称这类产品的核心竞争力，只要牢牢抓住这一点，你就不会被迷惑。再比如下面这个新产品：

丙产品： 30岁时缴纳10 000元，从60岁开始，每年可领取2 000元，直到85岁。

乍一看，虽然领取的时间晚，但每年的领取额度高达 2 000 元，是不是意味着投资收益率更高？

真实情况是：甲和丙的内部收益率都是 4% 左右，并没有本质区别，只是收回投资的节奏不一样。

我之所以举甲和丙的例子，是为了让你意识到，市场上的年金险产品常被冠以养老金、祝寿金、生存金之类的名字，但请你一定记住：这些名字根本不重要，只要你算出内部收益率就能知道哪个产品更好，其他信息都是噪声。（关于内部收益率的计算方法，请参见附录。）

搞懂年金险这种产品形式后，下面我们来做一道更难的题。

由于年金险的内部收益率都是有保证的，想达到乙的 5% 的收益率是比较困难的。这时保险公司会选择开发像甲这种收益率为 4% 的年金险产品。但这样一来，每年领取的金额减少了，产品的竞争力也随之降低。在这种情况下，分红功能就派上用场了。虽然收益率固定在 4%，但是保险公司承诺，当投资收益率高于 4% 时，会把多出来的收益也分给客户，这就叫分红。有了分红，这个产品的吸引力自然就增大了。客户甚至会完全不关心内部收益率的比较了。

这么说来，分红的设计难道只是一种套路吗？我们不能这么理解。你只看到降低了的保证收益，别忘了，分红的存在确实为我们提供了享受更高收益的可能。

如果保险公司的收益率达到 6%，乙的用户只能眼睁睁看着这 1% 的利差被保险公司拿走，因为保险公司只承诺 5%。但购买甲产品的客户则可以享受这份超额收益（即 6% 高于 4% 的这部分）。

所以关于分红，希望你能够认识到它只是一种投资偏好导向的产品设计，并无好坏之分。

算得清收益率的保险理财

交一笔钱，过段时间取出来，要么多了（赚了），要么少了（亏了），这种收益率非常好算。连结险和万能险就属于这类理财保险产品。

其中最好理解的就是投资连结险，其理财风格最彪悍，对它来说，债券可以买，基金可以买，股票也可以买。而且，它不对比例做限制，由此衍生出不同风险等级的账户，客户可以结合自身的风险偏好自行切换。在这种情况下，风险完全由客户承担。

与投资连结险相比，万能险则没那么激进，虽然也可以选择股票作为投资对象，但资金运用比例受到一定的限制。更重要的是，万能投资账户设置了保底收益，客户起码不会有亏损的风险。

事实上，万能险本就是为了同时满足理财和保障两大需求而诞生的。

假如你给保险公司 10 000 元，要求其中的 1 000 元用于买重疾险和定期寿险，剩下 9 000 元放到一个保底收益为 3.5% 的投资账户中。两年后，9 000 元变为约 9 700 元，多出来的这 700 元，你要么不管它，要么用它再买点儿重疾险和定期寿险。又过了两年，你发现投资账户的收益率涨到5.5%,此时你手里正好有10 000元闲钱，也可以随时把它放到投资账户中。

一次投入，多种用途，而且缴费方式灵活。这样看来，作为西方舶来品的万能险（universal life insurance），似乎更适合翻译成“万用寿险”。不过，被引入中国后，万能险却变了味道。大家纷纷觉得，这种保险产品的投资功能不错，有保底收益，投资范围比年金险更宽泛，潜在收益也更高。那么，我能不能只做投资，不买保障产品呢？

不行，因为政府要求万能险必须有保障成本。而且，保险公司为了防止客户的钱在万能账户里快进快出，还会对万能账户设置领取手续费。

保险公司做万能险产品的本意，是获取长期稳定的资金。让这笔钱安心放着,复利生息,是双方对彼此的承诺。正是有了这份承诺，保险公司才敢选择投资期限较长的项目，保险资金的长期性、稳定性才有保障。

某天，有人突发奇想：既然万能账户偏爱长期稳定的资金，那么对购买年金险的客户而言，把每年领取的年金直接转移到万能账户里，岂不是一举两得？

还记得前文说过的交完 10 000 元后，从第二年开始可以每年领取 500 元直至去世的产品乙吗？如果客户不领取这 500 元，而是将其直接转到万能账户里，一来可以让这 500 元二次增值，二来这笔钱还留在保险公司。这种皆大欢喜的结局，想想就令人激动。

保险公司的这个创意听着不错，但好像又有哪里不对劲。想象一下，如果你对银行说：欠你的房贷我现在不还了，但你别担心，每个月我都会把用于还房贷的钱买成理财产品，保证每年有 3.5% 的收益，30 年后我再把这些钱及收益都给你，怎么样？

银行只能对你说两个字：不行。

这样类比可能有些牵强，在现实中，银行图的只是贷款利息，并希望尽快收回借款，不要形成呆账、坏账。而我们每个人的财务需求却不一样。当我们有更好的投资渠道或者每年都需要这笔钱的时候，可以选择直接领取。除此之外，把钱放在万能账户里不失为一个不错的选择。

我之所以举这个例子，是为了让大家意识到，不管是什么金账户、银账户，即使它能为你提供年化高达 5% 的万能账户收益率，都是基于“你愿意延迟拿到本该属于你的钱”的前提。如果延迟拿钱符合你的需求，它就是好产品，不符合你的需求就是不好的产品，就这么简单。

想用几页纸的篇幅说清楚理财保险的类型和功能，是不切实际的。在中国保险市场，不同时期的理财保险产品的特点也各不相同。比如前文说的年金险、分红险，我们很难说清楚其具体的投资收益是多少。但有些银行销售的分红险，本质上却是固定收益的理财产品，承诺的分红并非不确定，而是肯定会兑现。

这岂不是和刚才讲的不一样吗？对此，你可以理解为：保险公司可以在不违背特定规则的前提下，不断“改造”产品。

消费者无须弄清楚购买的产品类型是什么，因为产品的类型甚至定义都在不断变化。消费者需要做的，是认清某个产品能解决什么问题，以及不能解决什么问题。比如，保底收益是多少，产品期限、保费金额是多少，高、中、低档的分红各是多少，历史实现情况如何。搞懂这些问题，你就能摆脱理财保险靠不靠谱的困扰，真正实现价值投资。

其实，获取大规模的资金，在任何时候都是保险公司的重要功能甚至是首要功能。为了达到资金的规模效应，单靠重疾险、定期寿险这类产品聚拢资金，是远远不够的。而市场上几乎没有不做理财保险的保险公司，这意味着保险公司的投资能力对其生存发展而言至关重要。

在中国，前文中提到的甲、乙、丙三个虚拟的年金险产品，都要遵从一个规定：内部收益率不能超过 4.025%。这是监管部门为了防止利差损而制定的规则。

还记得我在讲述养老险时讲到的年化收益率为 9% 的产品吗？当时销售这类产品的公司，每年都承担着投资收益不足的损失。这种名为“利差损”的东西，对全球范围内的保险公司都会造成严重的负面影响。

所以，千万不要觉得 4% 的收益率很低，放眼未来几十年，实现这个承诺并非易事，保险公司的压力其实很大。

在投资这件事上，保险公司的定位越来越明确：专心做好中长期投资。而且，欧美和日本的经验证明，随着中产阶级的增加和社会日益老龄化，以养老金为代表的长期保险资金将会成为居民的重要投资方式。

下次，当你琢磨着如何让自己手里的 50 万元获得更多收益的时候，可以看得长远一点儿，也许保险公司可以助你一臂之力。

我该去香港买保险吗？

去香港买奶粉或苹果手机，和去香港买保险，这两件事差别太大了。

究竟什么样的商品，值得中国内地的消费者千里迢迢地去香港购买？

你第一个想到的可能就是奶粉。被内地奶粉安全事件摧毁的公众信任，恐怕多年才能恢复。其次是智能手机等数码产品。税收等因素带来的价格优势是内地居民赴港购买这些产品的主要动力。

自 2013 年以来，内地消费者掀起了购买香港保险的热潮。2013—2016 年，香港保险市场上来自内地客户的保费的贡献量持续攀升。与之对应的，是中国保监会先后两次下发通知，提示赴港投保风险，同时明确打击非法代理香港保险的行为。

在很多内地客户眼中，香港保险似乎兼具奶粉的安全（香港保险似乎更容易获得赔付）和数码产品的低价（香港保险似乎更便宜）两大优点。抛开这些一厢情愿的认知不谈，不得不承认，香港保险的兴起自有其天时地利人和。

前几年人民币存在贬值压力，内地放开利率初期时产品竞争力尚未完全释放，大量港校的内地生毕业后加入保险营销行业，这些因素都为香港保险市场近年来的火爆创造了条件。

如何冷静、客观地看待香港保险？我们是否应该配置一份香港保险？这些是我接下来要回答的问题。

如何理解香港保险的卖点？

人们倾向于接收和处理简单易懂的信息，关于香港保险，传播最广的信息往往也是简单直白的描述：投资收益更高，理赔更容易，香港保险更便宜。但坦诚地讲，这些卖点都是过于简单化的描述，并非事实的全貌。只有准确认识、理解这些卖点，我们才能做出正确的选择。

收益更高

香港是世界金融中心之一，资本市场高度发达，这为香港保险的投资模式提供了更多的可能。香港保险资金的可投资对象更多、范围更广，包括但不限于全球范围内的股票、基金、债券，可以在全球范围内实现风险对冲和资产配置。外加监管环境相对宽松，所以香港的投资自由度相当高。

但投资香港保险要注意三个问题：第一，投资的长期性；第二，汇率的波动性；第三，高收益的不确定性。

香港保险主要针对的是长期投资和储蓄，业务员在讲解产品收益率时，往往也会将投资期限尽可能拉长。比如，0 岁的孩子在 100 岁时可得到一笔超乎想象的收益。充分认识长期投资的时间条件很有必要。

还有很多观点认为，美元的长期升值会为购买香港保险的人带来收益。我个人认为，这种眼里只看到货币升值的人可能并不适合购买香港保险。更何况中国政府对于境外投资的限制越来越多，这种以外币升值为出发点的投资注定不会成为主流。

除了投资的长期性和汇率风险，还有一条最容易被忽视的事实：高收益是不确定的。比如最常见的分红收益。说起来你可能不信，在分红收益披露这件事上，香港的保险监管机构做得比欧美和内地差多了。直到 2016 年，香港保险公司才被强制要求在其官网上披露分红情况。披露分红情况之所以如此重要，是因为分红重疾险是香港保险市场的主流产品形态，而且长时间以来，预期分红的多少，全凭销售人员一张嘴。而客户觉得高额分红似乎百分百能拿到。

考虑到分红重疾险几乎是所有内地人赴港必买的保险产品，对此我得多说两句。即使对于保障型产品，香港市场也更青睐包含储蓄功能的终身重疾险。

在精算师眼中，包含分红的重疾险定价更高。其原因在于，分红会导致更加保守的定价，进而导致更高的预定死亡率、更低的预定利率以及更高的费率。

举个例子：一本需要读者连续订阅 20 年的杂志，承诺每年都会返还一部分订阅费（承诺分红），杂志方是怎么做到的？最稳妥的办法就是把承诺返还的订阅费预先加到杂志订阅费里，但不用加太多，毕竟今天多交的 10 元订阅费，30 年后有可能变为 100 元。

对保险公司来说，发生在它们身上的故事可以简单地理解为：

> 我（保险公司）估计，未来每年会有 1% 的客户身故（预定死亡率）。
>
> 几年后——哎呀，只有 0.5% 的客户身故。但当初我是按照 1% 的死亡率来向你收费的，来，还给你一点儿。
>
> 我估计，未来每年的平均投资收益率为 2.5%（预定利率）。
>
> 几年后——哎呀,收益率实际上是 5%。但当初我是按 2.5% 的收益率倒推得出你需要缴纳的本金（保费）的，这导致本金比实际需要的多了一些，来，还给你一点儿。
>
> 我估计，为卖掉这份保单和履行对客户的服务，需要付出的运营成本占保费总额的 10%（费率）。
>
> 几年后——哎呀，实际费率只有 7%，我预估得多了，自然钱也收多了，来，还给你一点儿。

“双十一”前先涨价再降价，当我们把这种行为拉长到半个世纪，就得到了分红这个功能。说白了，你心心念念的分红，归根结底来自你当初多交的钱。那么，保险公司能不能在定价的时候，把这三样数据都预测准确呢？

对此，保险公司会说，自己也有难处。在未来的半个多世纪的时间里，死亡率（或者重疾发生率）、投资收益率确实有可能发生变动，万一预测错了，不就赔本了嘛！所以，让我先多收点儿钱吧，如果没出现问题，再返还给你。咱们共进退。

然而客户会这样想：我们确实是共进了，但并没有共退啊！我多交的钱，如同一个缓冲垫，帮你解决了由预测不准带来的潜在亏损；而当需要你我共退的时候，结果却是只有我拿不到预期分红。

道理基本说清楚了，现在趁热打铁，让我们做做下面这道题吧。

分红保险在定价时对精算假设的估计较保守，即保单价格较高，这是因为（　　）。

A. 经营过程中风险非常大

B. 产生更多的可分配盈余来吸引客户

C. 赔付的保险金额通常比较大

D. 分红保险属于高端产品，价格定位较高

这道选择题可不是我编的，而是10年前就出现在中国保险代理人资格考试卷上的试题。至于答案，我不说你也应该知道（选B）。

如果以上这些你都能理解，相信你现在一定对“分红是不确定的”这句话有了更深刻的认识。

不过话说回来，即使你理解了分红这种设计，并充分意识到分红的不确定性，但仍愿意多花钱搏一把潜在收益，也无可厚非。

这时候，我会给你两个建议：第一，去看看这家公司的历史分红实现情况；第二，尽可能地了解这家保险公司的资本金、投资能力和偏好。如果你认可该公司的既往投资业绩，看好它的长期投资能力，愿意理性地承担风险，就去买吧。

理赔更容易

说到理赔，我们要就事论事，“香港保险”这4个字表示的是特定地域的所有保险产品，要比较具体保险产品的话得在同一类产品里比较。比如包含身故责任的定期寿险，各地的理赔标准其实都一样，就是死亡或者全残。香港定期寿险的理赔限制条件确实更少，突出反映在除外责任上。

内地定期寿险大多会罗列若干条除外责任，比如，对恐怖袭击、战争、酒驾、无证驾驶、核爆炸等情况下的死亡，保险公司不承担责任，而香港的定期寿险产品除外责任基本上只包含了一定时间内的自杀情况。和定期寿险相比，重疾险的理赔更受人关注。香港保险更易理赔，往往指的就是重疾险。

需要强调的是，和定期寿险只看身故或全残不同，重大疾病险的理赔标准更复杂，加上香港并没有对各家公司保险条款里的重大疾病进行统一定义，因此，很难一言以蔽之地断定内地保险与香港保险哪个理赔条件更宽松。

辩证地看，有时候人们说的“好”，并不一定代表合理与正确。比如，对重大疾病发病率在70%以上的恶性肿瘤（癌症），香港重疾险中不包含甲状腺癌。我们当然可以据此认为内地的癌症责任更好更全面，但实际上香港的做法也有其道理。

甲状腺癌有个特点：发病率高，不过治愈率也高。更重要的是，这种病通常的自费医疗开支不过几万元。甲状腺癌和百万医疗产品中的一万免赔额很像：经过医保报销后，需要自费的金额不多，对家庭不构成财务风险。一旦把它除外，产品价格就会显著降低，堪称“实打实的好处”。

除外甲状腺癌责任，让重疾险的价格更加亲民，内地可以效仿这种做法吗？不行。2018 年 5 月，中国银保监会[①]发布《关于组织开展人身保险产品专项核查清理工作的通知》，明确要求保险公司不得出现下列行为：

> 重大疾病保险产品对恶性肿瘤责任中的甲状腺恶性肿瘤进行单独处理，责任设计不合理，设置较低的保险金额，变相缩小产品的保障范围。

其实，保险公司对此是有怨言的：甲状腺癌的发生率太高了，以至于整个重疾险的定价都受到了影响，如果将它除外，就可以降低价格，让更多消费者受益……

“你先等一下，你就告诉我，除外甲状腺癌责任这一点纵有千般好处，消费者能理解吗？客户如果得了甲状腺癌，明明是癌症，却拿不到赔偿，消费者会怎么看？”

……

“不许除外甲状腺癌，就这么定了。”

再比如，关于脑中风后遗症，内地重疾险明确了中风的具体表现，比如一肢或一肢以上肢体的机能缺失等标准，只要符合一个即可。而香港重疾险只要求“导致永久性神经机能缺损”，似乎更

① 2018 年 3 月，中国银监会与保监会合并，合并后简称为中国银保监会。——编者注

宽泛。但是，定义越宽泛就越难操作，潜在的争议和纠纷也越多。

所以，到底是不是把疾病定义得越宽泛越好，是不是包含的病种越多越好，这类问题都需要辩证地去看。这类争论常常在香港和内地的保险业务员之间上演，你说这两个病种的定义更宽泛，我说这三个病种更全面，鸡同鸭讲。在这种情况下，消费者感到困惑是常事。

价格便宜

保险产品的价格取决于其保障的风险的发生率，这句看似浅显易懂的道理却未必是真相。

香港人的人均寿命更长，死亡率更低，所以香港的定期寿险比内地便宜。这很好理解，那为何在人均寿命全球领先的中国香港，定期寿险的价格却远高于新加坡呢？

保险产品的价格不仅仅由风险发生率决定。这就好像一瓶农夫山泉，其成本主要由三部分构成：取水成本、运输成本、营销成本。只看一个因素不足以得出结论。同样的道理，重疾险的成本也包含三部分：预定利率、重疾发生率及费率。

香港保险产品的预定利率更高，加之期限为终身，长期复利带来的价格优势便越发明显。另一方面，与内地并无太大区别的重疾发生率以及远高于内地的费率，并没有让香港保险市场上出现本应有的低价产品。坦率地说，消费者最终看到的是产品的整体价格，他们并不关心三部分成本之间如何对比，只要最终商品的价格可对比、能接受，对他们来说就足够了。

我经常和身边的精算师开玩笑说：你们精算师天生就是“杠精”，一定要争个你死我活。选择赴香港购买保险，需要经历舟车劳顿，并付出一定的时间成本。未来若要变更保单、申请理赔等，去香港也在所难免，这些成本也应纳入决策范畴。既然从消费升级的角度评价赴港投保，只看价格并不应成为消费决策的全部。

对价格认可，致力于满足自身需求，尽到如实告知义务，了解潜在风险。能做到这四点，你就是满分客户。

听听政府怎么说

大小事情看监管，是每个内地金融从业者的必修课和从业准则。对于该不该去香港买保险这个问题，作为消费者，我们也要好好听听监管部门是怎么说的。

一直以来，各级政府和保险监管机构都在强调两件事：一是不允许违法违规购买香港保险；二是即使没有违法违规，也不建议购买香港保险。

到底什么是“违法违规”？你可能听说过“地下保单”这个名词。如果你的香港保险合同是在内地签署的，而非本人前往香港签署，那么它既不受国内法律保护，也不受香港法律保护，就是“地下保单”。这种所谓的“地下保单”存在非常大的风险，正是监管部门定义的违法违规购买的典型。另外，违反国家对于外汇管制的要求、存在转移资产等行为的人，也必然会受到法律的严惩。

如果我亲赴香港投保，在外汇额度内用自己打工赚的血汗钱购买保险，为什么也“不建议”呢？因为在监管部门看来，去香港买保险这件事的风险是不可控的。

首先，站在外汇管理角度，一个内地居民用大额外币购买金融产品，本身就是需要被严格监管的行为。其次，站在维护消费者权益的角度，你买的金融产品如果未来出现纠纷，谁来管你?

在香港保险风靡内地的 2016 年，保监会发布了措辞严厉的《中国保监会关于内地居民赴港购买保险的风险提示》，言辞恳切地呼吁内地居民“谨慎投保”，重点提示了以下几个风险。

第一是汇率风险。假设每年要交 10 万美元，一旦外汇政策有变，换汇无门，你拿什么交续期保费?

第二是收益风险。保险公司在销售分红险时会展示分红收益，和内地不同，香港保险监管部门未对分红演示做严格限制，全凭业务员一张嘴，想怎么说就怎么说。如果业务员牛皮吹大了，实际分红未达到预期收益，消费者该怎么办?

第三是纠纷风险。销售误导、不如实告知等行为引发的纠纷，其发生地是在香港，诉讼也是在香港。高额的诉讼费、不同的法律规则和法律体系，你搞得定吗?

说来说去，监管部门只想告诉你两句话。

第一句话是，别老想着把人民币变成海外资产。

第二句话是，别老想着赚钱，如果分红达不到预期或者不如实告知被拒赔，没人能帮你。

第一句话可能和我们大多数人都没什么关系，毕竟贫穷限制了我们的行动力。但第二句话却实实在在是说给我们听的。

近 5 年来，针对购买香港保险的内地客户，究竟存在多少不如实告知的情况，想必很多从业者心里都有数。可以肯定的是，这些炸弹一定会有爆炸的一天。香港保险业遵从最高诚信原则，健康告知也更加严格。加之香港的法律体系相对完善，决不会将客户看作所谓的“弱势群体”，而是有一说一。

说起来有点儿讽刺，通融赔付、人情化处理、息事宁人，对本就错误的事情引以为傲，这样的情况是不是有点儿令人悲哀？更健全的制度、更完善的体系，才是一个健全的保险市场的应有之义。但对于内地消费者来说，这些规定都显得不近人情，因为很多消费者还没有“进化”到这个阶段。

成年人为自己的行为负责，这无可非议，但很多消费者都没把自己当作成年人。他们的共同想法是：不管怎样，我都不能吃亏。当然，这不光是保险业的问题，也是整个社会的问题。

多一点理性，多一点分析

保险业有一个普遍的观点：保险是嫌贫爱富的。这句话对香港保险业同样适用，或者说更加适用。

2015 年，香港市场每卖出 10 张保单，就有 2 张来自内地客户。而更关键的数据是：内地客户趸交保费的平均金额为 400 万元，远高于香港本地客户。

“海外配置资产”这 6 个字本身就具有很大的吸引力和当仁不让的阶层属性。在迪拜买游艇，在曼哈顿买楼，这些投资肯定和中产阶级没什么关系，所以不少人退而求其次，寻找其他象征高端生活的消费品，香港保险正好符合他们的这一需求。

某天我太太突然发现，原来经常在朋友圈晒下午茶照片的闺蜜，发了一张香港某保险公司的保单，还配上了一段文字：

谢谢老公，专门带我去香港买买买，还给我买了一份美元保险。

朋友圈四大晒

抛开哪里的保险定价更贵、哪里的规则更严不说，随着香港和内地的交流日趋频繁，保险业的统筹发展与合作也是必然趋势。2017 年，中国保监会已经与香港保险监管当局签署了框架协议，正式着手启动对双方监管制度的等效互认。这不仅意味着消费者可以参照内地偿付能力评估标准评价香港的保险公司，更意味着两地保险市场将进一步相互开放和融合。

所以，如果你愿意接受跨境投保的一系列潜在风险，并对自身需求有明确的认识，大可多一种选择。在此，我总结了赴港客户的若干共性，供你决策时参考：

一是家庭税后年收入不低于 50 万元。以一家三口为例，仅投保香港重疾险每年的保费就为 3 万 ~4 万元人民币，如果考虑其他类型的保险和投资预算，外加往返交通、住宿成本，评估自身的经济实力尤为必要。而对于土生土长、长期扎根内地的普通家庭来说，内地的保险产品完全能满足需要。

二是对美元资金的需求客观存在。比如父母计划送孩子去留学而提前储蓄的美元，其消费价值更重于投资价值，也意味着该家庭能够承受美元资产的波动。就好像自用住房，一定范围内的涨跌无须去管。

三是有海外长期居住甚至移民的需求。内地重疾险的理赔往往要求提供公立医院的诊断证明，对于常住海外人士来说不太适用。

四是能找到足够专业的香港本地保险人。在香港，你几乎看不到互联网保险的影子，加之产品复杂，专业人士的介绍必不可少。

05

个性化定制：保险方案，你自己说了算

如何给孩子买保险

越舍得给孩子花钱，就越爱孩子？

反正在买保险这件事上，这个说法不成立。

在买保险这件事上，普遍存在一个很有趣的现象：无论一个人多么排斥保险，一旦他有了孩子，就会开始关注如何为孩子配置保险。

为什么保险常被人们当作骗人的东西，但为人父母后你却心甘情愿地“上当受骗”为孩子买保险呢？

对了，这里说的孩子均指未成年人。

先别着急买商业保险

和大人一样，孩子也是可以参加政府医保的。在配置商业保险之前，父母一定要参考当地的医保政策为孩子办理少儿医保。

少儿医保可以说是一项政策性福利，不管孩子是否健康都可以购买，每年只需交一两百元，便可涵盖门诊、住院两大责任。以北京为例，儿童医保包含门诊和住院两项责任，起付线都是650元，报销比例分别为50%和70%，赔付上限（保额）分别为4 000元和17万元。由于起付线高、报销比例低，门诊责任的作用不大。我在介绍商业医疗保险时说过，门诊开销虽然频繁，但每次支出不高，不会对家庭财务状况带来严重影响。

少儿医保本质上是针对儿童罹患重大疾病提供的风险保障。17万元这个数字，对大部分家庭来说都很有价值。除了实打实的医疗报销功能，有没有医保也会影响孩子投保商业保险的价格。尤其是医疗险，被保险人有医保的医疗险价格更低。

关于给孩子办理医保这件事，我在这里要多说两句。

现在买东西越来越方便，尤其是在互联网上，我们点点屏幕、动动手指就能搞定。所以，我们都理所当然地认为流程是简单的、操作是便捷的。但给孩子办医保这件事，说实话还真有点儿麻烦。因为其本质是遵循政府制定的规则加入医保体系。

在北京，家长要在孩子出生后90天内给孩子办好医保，否则就会影响当年的费用报销。这意味着，孩子出生后家长要尽快帮孩子办好户籍登记。因为社区服务站在给孩子办理医保时，需要家长提供户口本、出生证明和父母二人的身份证。除此之外，家长还得提前准备好孩子的一寸照片，然后在指定合作银行开个账户，预存一笔钱，用于每年的医保扣款。

为人父母者，可以先从给孩子办理医保开始，学习一点一滴地负起责任。

孩子会面临哪些风险

弄清楚孩子面临的风险，是科学配置保险的前提条件。和孩子相关的风险其实很简单，几乎都和疾病相关，一点儿也不复杂。

风险一：身患危重疾病

孩子在成长过程中，患危重疾病的风险不容忽视。比如少儿群体中发病率最高的恶性肿瘤白血病，是大家公认的重大风险。白血病占全部儿童恶性肿瘤的35.9%，在中国每年新增的约4万名白血病患者中，有1/4是儿童，并以2~7岁儿童居多。

孩子一旦患危重疾病，除了需要长期投入高额治疗费用，父母也可能为了照顾孩子而辞掉工作。因此，重疾险和高保额住院医疗险是应该首先为孩子配置的保险。

重疾险的价值在于，罹患重疾后一次性获得定额赔偿，可作为自费治疗费用和家庭收入中断的补偿。高额住院医疗险的价值在于应对高额的医疗费用，尤其是许多医保范围外的自费项目。只要产生了必要且合理的医疗开销，在保额范围内花多少保险公司就赔付多少。几百万元的高保额医疗险，可以在这方面为家庭提供充足的预算支持。

风险二：发生意外受伤

从学走路的幼儿到乘车上学的中学生，孩子在生活里难免磕碰受伤。因交通事故、跌倒、坠落造成的意外伤害和身故，在孩童的意外险理赔中的占比最高。

而各地医保政策对交通事故、第三者责任造成意外的医疗费用报销往往有诸多限制，这就更加凸显了意外险的价值。

风险三：身患一般疾病

和危重疾病相比，小病小灾在孩子们身上要常见得多。每逢儿童流感季，各医院的儿科科室永远人满为患。但不管是门诊还是住院，一般疾病的治疗时间不长，花销也不太大，所以远不如危重疾病的优先级高。虽然这不符合我对风险的定义——对家庭财务造成重大负面影响——但不管怎么说，也是不少人的客观需求。

手把手教你配置儿童商业保险

在分析应该给孩子买哪些保险之前，我想先说说不应该买哪些保险。之所以把“不要买的保险”放在前面，是为了尽一切可能避免你花冤枉钱。

前文在梳理孩子面临的风险时，并没有提到身故风险。因为人们有一个普遍认识：如果孩子身故，不管给父母赔偿多少钱，都没有意义。所以，包含身故责任的意外险不在我们的讨论范围内。市面上针对个人消费者的意外险，几乎都包含身故责任，这是产品设计的客观要求。对此可以这样理解：我们只是看上了意外险里的意外医疗责任。但如果你为孩子购买了专门保障身故的定期寿险、终身寿险，就令人费解了。

有些保险公司会把多个产品打包销售，并配上一个像“福气宝贝”之类的喜庆名字，其中就包含定期寿险或者终身寿险。后者尤其值得注意，费率不低且没有意义，你可千万别被这种一揽子的销售方案骗了。

政府严格限制未成年人身故可获得的赔偿金额。即使父母从几十家保险公司给孩子买了几十份寿险、意外险，一旦孩子身故，获得的赔偿都不能超过特定限额。

10 岁以下的未成年人的身故赔偿限额是 20 万元。10~18 岁的未成年人，身故赔偿限额是 50 万元（注意：航空意外、自然灾害意外不受此规定限制）。

除意义不大的身故责任外，为孩子购买教育金、养老金，优先级也不高。因为不管是教育金还是养老金，其本质都是年金保险（有些属于万能险范畴）：一笔享受复利的长期投资。这个复利一般维持在 4%~5%，基本上相当于通胀率。

同样为人父母，我非常理解每一位家长希望为孩子攒钱、留钱的迫切心态。但攒钱有个前提：先把孩子的疾病风险处理好。攒钱还应讲究方法，不分青红皂白地把大多数存款投入到孩子的教育金上，只看重稳定性而忽视收益率和流动性，也不是合理、科学的投资理念。当然，如果你确实闲钱多，预算十分充裕，配置点儿年金保险也未尝不可，就当进行多元化投资了。

孩子真正需要的商业保险其实只有三款：**重大疾病险**、**意外险**、**高额住院医疗险**。

配置全这三类保险，你就已经比大多数父母都靠谱了。如果还有预算，则可以考虑门诊医疗险或者高端医疗险，后者对于生活在北上广深等一二线大城市的中产阶级来说尤其值得关注。因为大多数时候真正让人烦心的不是小孩子的头疼脑热，而是在公立医院就诊的糟糕体验。这类问题就得让高端医疗险来解决了。

重疾险、意外险、高额住院医疗险，这三类产品不会因为保障对象是孩子，就有什么不同。产品都一样，逻辑也大多类似。其中唯一需要额外强调的是重疾险。

关于孩子的重疾险

请记住一个事实：少儿罹患重大疾病的概率非常低。这直接决定了儿童重疾险的价格十分便宜。因此，为孩子配置重疾险，一定要抓住价格优势，尽可能提高保额，拉长期限。都是 100 万元的终身重疾险保额，30 多岁男性的购买价格，可以达到小孩子的两倍多。

由于重疾险容易理解，受认可度高，所以家长往往会将其作为为孩子配置保险的重要切入点。但却容易引发这类问题：重疾险只是个由头，最后家长发现自己购买了一个保险大礼包。可是仔细一看，大礼包里的重疾险保额只有 10 万元或 20 万元，花了那么多钱，却没用对地方。

我见过的最过分的做法是，要求家长必须先为孩子购买一份终身寿险（主险），才能购买重疾险。打着重疾险的名号卖一大堆其他保险，这样的行为是消费者不欢迎的。

有人兜售大礼包试图赚更多的钱，有人却打着“最便宜”的旗号销售产品，后者实际上也有一些问题，比如互联网保险公司。

互联网保险公司有一个常见策略：先说服消费者购买客单价低的产品，待客户形成黏性后，再推荐价格更高的产品。当他们把这个策略带到重疾险领域的时候，就衍生出了一类产品：只保 20 年或 30 年的儿童重疾险。这类产品便宜且真实。为一个 6 岁男孩购买保额为 50 万元的重疾险，20 年缴费，每年的保费只要四五百元。

价格如此低的原因除了刚才说到的“儿童罹患重疾的概率很低”以外，还在于期限。18 岁以下的被保险人 20 年或 30 年后至多才 40 多岁，正处于重疾高发的年龄段之前。

这类产品的设计较为合理，其定位应该是真正的长期重疾险的有力补充。30 年的保障期意味着待该产品到期时，三四十岁的中年人需要重新购买重疾险，但他们有可能会因为健康告知问题而遇上麻烦，那时如果真的断保，就得不偿失了。

所以，对已经为孩子购买了保到 70 岁或者终身重疾险的父母来说，可以再额外购买一份这类产品，以提升未来 30 年的保额。

孩子最好的保险是父母

大家在给孩子配置保险时，千万别忘了一个道理：父母自身的健康以及稳定、持续的赚钱能力，是孩子最重要的保险。

我们平时应坚持锻炼、健康饮食，避免工作压力过大导致的潜在健康问题。除此之外，我们还应为自己做好保险规划。

当上父母后，你为孩子配置了全面的保险产品，自己却处于裸奔状态，这是十分不可取的。爸妈这两台“印钞机”正常运转，是对孩子负责的重要体现。

最后，我总结一下为孩子配置保险的几个关键点。

1. 作为父母，先把自己的保险配置好，因为你才是孩子最大的“保险”；

2. 在购买任何商业保险之前，先为孩子办理好当地的少儿医保，这是政府给予的福利，一定要充分利用；

3. 结合自身预算，首先配置高保额的重大疾病险和住院医疗险，其他的保险则量力购买。

如何给父母买保险

虽然爱都是向下的，但是责任不分向上还是向下。

腾讯、阿里巴巴、百度、京东等我们耳熟能详的互联网巨头，这两年开始进军保险业。

同样是卖保险，传统保险公司满脑子都是精算假设、风险评估、营销话术这些内容。互联网公司则不太一样，它们首先思考的问题是：我们的用户，到底是为了谁掏钱买保险的呢？

不约而同地，互联网巨头们选择了两个方向：孩子和父母。几年下来，我了解到两个很有趣的数据。

第一，面向孩子的保险产品，客户触达率不高，但转化率很高。

第二，面向父母的保险产品，客户触达率很高，但转化率不高。

所谓触达率，指的是看到一款产品的用户在所有用户中的占比。由于互联网用户群体整体偏年轻，大多是单身或已婚未育的状态，这意味着几乎所有人都能看到针对老年人的保险产品，但只有一部分人能看到针对孩子的保险产品。

所谓转化率，指的是实际购买的客户在所有看到这款产品的用户中的占比。虽然更多人看到了针对老年人的保险，但只有在这个产品是卖给孩子的情况下，他们才愿意掏腰包。

有这样一句话：爱都是向下的。我身边的朋友在买保险的时候，给自己和孩子买都非常顺利。到了给爸妈买的时候，要么记不起爸妈身份证号码的后四位，要么不知道爸妈的身体存在哪些健康问题。毕竟老人的很多事儿，我们平时都没怎么关心过。接下来的内容就是要告诉你，给爸妈买保险为什么很有必要以及需要克服哪些困难。

一个不断妥协退让的过程

其实父母面临的风险非常简单，就是疾病引发的财务风险。直白地讲，为父母做保险规划也是在帮助我们自己。

除了疾病风险，我们几乎不用担心父母离世带来的风险。他们已经不再承担抚养子女的责任，也几乎没有背负房贷、车贷，这和中青年人面临的风险区别很大。由此看来，定期寿险并不适合给父母购买。更何况父母已经到了六七十岁的年纪，这通常也是定期寿险保障的截止时间。

这样看来，给父母配置保险，主要考虑的应该是重疾险、医疗险和意外险。

但问题接踵而至，年龄超过 60 岁的人想要投保重疾险和医疗险会有很多限制。

第一，年龄限制。

几乎所有重疾险和医疗险的投保年龄都在 0~60 岁。对重疾险而言，55 岁的投保年龄上限是普遍规则。没办法，人的年龄越大，患病概率就越高。尤其在 25 种重大疾病里，有些疾病基本上是“老年人专享”，比如严重帕金森病、严重阿尔茨海默病等。保险公司是商业机构，不赚钱的事情肯定不会做，由此它们选择了：放弃老年人市场。

第二，保额限制。

同样一份保险，30 岁的人和 50 岁的人可享受的保额上限是不一样的。以重疾险为例，如果在网上直接投保，30 岁的被保险人的保额上限基本为 50 万 ~60 万元，而 50 岁的被保险人的保额上限只有 10 万元。

仔细想想，这 10 万元的保额到底有什么用呢？我们都知道，重疾险的保额应该和被保险人的收入挂钩，以便在其患病期间提供失去收入的补偿，并解决一部分自费医疗开支（比如某些尚未引进国内的新型诊疗手段）。

离退休的老年人既然已经没有了工作收入来源，那么为其配置重疾险的前提也就不存在了。这时候，不妨以高保额的住院医疗险为主，让社会医疗保险和商业医疗保险共同解决大病就医带来的经济负担。

更重要的是，与重疾险不同，住院医疗险的保额通常不受年龄影响，挑选一个续保条件好、保额高、责任全的住院医疗险，远比买重疾险更“划算”。所谓的划算，指保费倒挂。

第三，保费倒挂。

让我们来简单地算一笔账。

一位55岁的男性购买保额为10万元的重疾险，每年需要交3 500元左右，交20年，总计7万元的支出和10万元的保额相比，差别不大。如果计算内部收益率，相当于每年投入3 500元，买了年化复利为3.5%的普普通通的理财产品。

选购保险时，杠杆率是一个非常重要的参考指标。同样是交20年保费、保障终身的重疾险，想要撬动10万元保额，不同年龄的人保费相差巨大。因此，给父母买重疾险，似乎不存在花小钱办大事的逻辑。当然，话也不能说得这么绝对。你有没有想过，如果只交了两三年保费就理赔，是不是就比较“划算”了呢？这话听着很晦气，好像早早得病反倒成了一件好事。但这种假设实际上可以让我们换个角度看“保费倒挂”这件事。

第四，健康告知不符。

当你接受了低保额、低杠杆率的事实，却发现身患慢性高血压的父母在健康告知这一环节被拒保。这是给父母买保险时最常见的问题，即想买也买不了。

患有高血压、心脏病、糖尿病的老年人，可以直接和重大疾病险、住院医疗险说再见了。保险公司也意识到了这个问题，于是想了一个办法：双方各退一步。保险公司把保障范围缩小，限制也随之减少。但这个保障范围不能太小，得有存在的意义。

于是，防癌类保险应运而生。重疾险涵盖的几十种疾病，只保留第一项，即恶性肿瘤；住院医疗险涵盖的所有疾病的住院责任，也只保留一项，即癌症住院责任。在给家庭带来巨大压力的重大疾病中，恶性肿瘤占70%。笼统地说恶性肿瘤你可能没有概念，但如果我说一款保险既保白血病，又保胃癌、肺癌，还保身体所有器官的癌症，听上去是不是挺全面的。如今，整个社会已经谈癌色变了，癌症的严重程度足以成为一个独立的险种。

这种做法最大的好处，就是健康告知的内容大幅减少。只要不是易引发癌症的症状（肝部疾病、器官或组织的结节等），保险公司都不介意，高血压、糖尿病患者也可以投保。毕竟，高血压导致的急性心梗和糖尿病导致的终末期肾病或截肢，都不在防癌类保险的责任范围内。

这可以说是一个皆大欢喜的结局。保险公司针对带病体客户额外开发针对性产品，这有点儿像吃自助沙拉。虽然 39 元 / 人的沙拉比 59 元 / 人的沙拉的可选食材少，但起码实现了让更多人吃到沙拉的目标，沙拉店也赚到了钱，可谓一举两得。

六分靠规划，四分靠心态

结合父母的健康情况配置保险，一步步走下来，其实只完成了60%。关于为老人买保险这件事，心态也要占四分，因为整个过程一定会伴随着很多让人心烦的琐事。

比如，父母非常排斥保险，坚信买保险不如买保健品的老年人实在太多了。所以解决这个问题的最好方法是：选好保险后，子女作为投保人直接买给父母。

还有一个现象值得关注。父母在得知你要为他们买保险后，会信誓旦旦地说：别花那钱，我们已经买过保险了。这时你一定要多问他们几个问题，比如，是不是在银行买的？是不是过几年就到期而且能拿到高于定期存款利息的那种？是不是隔壁刘阿姨的那个卖保险的小叔子卖给你的？诸如此类。如果你发现父母买的保险其实是理财保险，并没有保障功能，你依然需要为他们配置意外险、医疗险这类保障产品。

所以，表面看似乎是买保险，实质上却是和父母交流的过程，如果与父母沟通失败，那就“先斩后奏”吧。总之，请坚守一个原则不动摇：不能让老一辈的错误观念阻碍我们的“保险规划”。

对父母要宽容和讲策略，自己则要知足和心态好。

当子女意识到有必要给父母买保险的时候，心中难免产生亏欠父母的感觉：欠爸妈太多，买保险补上。这个想法没错，但往往会遭遇现实的“沉重”打击。比如以下情况：得知因为父母的健康状况而买不了百万保额的医疗险，得知 50 岁的人购买重疾险不划算，得知老年人的一些治疗花销不在商业医疗险的报销范围之内……

“算了吧，我不买了。”

这句话真的是很多子女的内心写照。我已经下定决心给父母买保险了，你却告诉我这也不能买那也不能买，凭什么！这种观念导致的结果就是破罐子破摔，干脆不买了。是的，连几百块钱的意外险我也不买了。

得益于我的职业，加上父母的身体情况较好，我很早就为他们配置了商业险。但他们中有一个人患有Ⅱ型糖尿病，所以重疾险和百万住院医疗险都和他无缘了。不过，我依然为他配置了意外险、防癌险、防癌医疗险和糖尿病特定疾病重疾险。一个糖尿病患者既然已经比一个完全健康体在保险配置上落后了，就别让这个差距再扩大了。

如果你想简明扼要地掌握给父母买保险的技巧，请记住以下几点。

第一，确保父母双方都有社会医疗保险。不管是城市的居民医保，还是农村的“新农合”，没有的话，赶紧先把社会医保办好。

第二，遇到疑难杂症，不少人会选择带父母来北上广等大城市就诊。所以，请提前研究好医保的异地结算流程，确保不让医保“白交”，这一点非常有必要。

第三，详细了解爸妈的身体健康情况，对症下药买保险。

如何给自己买保险

人生无法规划，但保险可以。

我在公众号上做过许多一对一付费咨询，但当你阅读本书时，我不了解你的情况，是否结婚、收入如何、负债如何、更在乎哪位亲人。所以我很难给你一个拿来即用的保险方案。

但我可以确定的是，你的年龄一定在18~50岁。如果年龄低于18岁，买保险这件事你得找父母；如果年龄大于50岁，则会面临各种各样的限制，你很难买到理想、充足的商业保险。

我还可以确定，下面这几条一定和你想的一样：

你不希望让治病支出掏空自己的积蓄；你内心一定有一位最牵挂的人，不管是父母、伴侣，还是孩子；你一定在事业上有所追求，不管这份追求是否和钱有关。

所以作为本书最有指导意义的一部分内容，我想了很久，最后打算以一个男性为例，沿着他的人生轨迹，向你展示如何科学合理地为自己配置保险。

18岁

进入大学后，你也许会在开学那几天无意间瞥见宿舍楼门口的一张桌子，桌旁的两个保险公司业务员正在向路过的新生发宣传单：欢迎参加大学生保险计划。

这种面向高校学生的保险，业界俗称“学平险”，它往往是团体保险的形式，涵盖意外身故 / 残疾、意外医疗、住院医疗等责任，每年的保费只有一两百元。

关于保险这件事，你也可以去问问学院办公室里负责学生工作的老师，是否可以通过他们为自己购买商业保险。没关系，他们通常是刚刚毕业的师兄师姐，不会为难你。他们一定会对你这位新生留下格外深刻的印象，因为几乎没有人在入学时关心买保险这件事。

通过学校购买保险，通常能获得更低的价格。团险好比团购，价格当然更优惠。但不幸的是，学校团险这项业务曾一度成为腐败的温床，以致 2015 年财政部一纸令下：严禁各级各类学校代收商业保险费，不允许保险公司进校设点推销、销售商业保险。

所以，上网买份意外险和医疗险吧。毕竟学生手头没什么钱，网上投保的产品手续费往往更低。

大学生的身份首先意味着你要开始担负起成年人的责任，从每年花一点儿钱，投保一份商业保险做起吧。当你在篮球场上意外扭伤脚踝甚至骨折的时候，保险可以帮你负担医疗费。

18 岁保险清单

学生团体保险：

包含意外身故 / 伤残责任，意外医疗责任，住院医疗责任；预算为 200 元。

或自己投保：

意外险：包含意外身故 / 伤残责任，意外医疗责任；预算为 200 元（保额为 50 万元）。

医疗险：包含疾病导致的住院医疗责任，预算为 200 元。

保障速览

身故补偿（仅限意外原因）：50 万元。

意外医疗补偿：1 万元（上限）。

住院医疗补偿：100 万元（上限）。

22 岁

毕业后走上工作岗位，你的生活状态发生了根本变化。你需要搭乘交通工具频繁穿行于城市各处，或者经常出差，交通意外的风险不容忽视。一份涵盖意外身故和医疗责任的意外险，每年所需的保费不会高于你往返机场的出租车车费。

有孝心的年轻人可能会把自己第一个月的工资交给父母，但他们却很少思考一个问题：如果自己不幸离世，父母的养老问题由谁解决。

虽然已经有了包含意外身故责任的意外险，但在导致身故的原因中，意外只占 20%。把疾病带来的身故风险解决掉，让保险公司的理赔款成为爸妈的养老金，可以说是一种非常有效的风险防范手段。选购一份定期寿险，意义重大。

更重要的是，对二十岁出头的年轻人来说，定期寿险非常便宜，用几百元钱即可撬动几十万元的保额。女性投保的费率几乎是男性费率的一半，更加划算。买一份定期寿险，受益人设为父母，这是无形的孝心，更有价值。

新增保险情况

定期寿险 A：受益人为父母，保额大约相当于父母 5 年的退休金；预算为每年 500 元（保额 50 万元，保障期 30 年，缴费期 30 年）。

保障速览

身故补偿（不限死亡原因）：50 万元。

额外身故补偿（仅限意外原因）：50 万元。

意外医疗补偿：1 万元（上限）。

住院医疗补偿：100 万元（上限）。

28岁

不管是相恋多年的恋人，还是几个月前偶遇的缘分，你终于不再是一个人了。成家后的你迫切需要重新考虑风险规划，不仅为自己,更是为家庭。对那个“一人吃饱全家不饿”的自己说再见，就从保险开始。

对一个家庭来说，称得上灭顶之灾的只有两件事：身患重疾，不幸身故。前者靠重大疾病险和医疗险来应对，后者靠定期寿险来应对。

如果不幸罹患重疾，失去的收入需要通过重大疾病险来弥补，保额通常为3~4倍的年薪。按15万元的年薪计算，保额初步定为50万元。

如果不幸离世，除父母外，配偶也是你不可忽视的牵挂。新增一份保额为80万元（约等于5倍年薪）的定期寿险，确保退休（60岁）前享有保障很有必要。

新增保险情况

定期寿险B：受益人为法定受益人，保额约等于5倍年薪；预算为每年1 000元（保额80万元，保到60岁，缴费期30年）。

重大疾病险A：保额约等于购买时的3倍年薪；预算为每年5 000元（保额50万元，保到70岁，缴费期30年）。

保障速览

身故补偿（不限死亡原因）：130 万元。

额外身故补偿（仅限意外原因）：50 万元。

意外医疗补偿：1 万元（上限）。

住院医疗补偿：100 万元（上限）。

重大疾病补偿：50 万元。

32 岁

奋斗多年，终成房奴。150 万元的房贷，不仅意味着每月 8 000 元的刚性支出，更意味着潜在的负债风险。倘若你不幸离世，还款压力将由配偶一人承担。

当你的年薪从 15 万元变为 25 万元，重疾险的 50 万元保额已经不够用了。趁着身体还算健康，额外投保一份 30 万元保额的含身故责任的重疾险。

新增保险情况

意外险：包含意外身故 / 伤残责任；预算为每年 400 元（保额 100 万元）。

减额定期寿险 C ：受益人为法定受益人，保额等于房贷总额；预算为每年 2 000 元（保额 150 万元，保障期 30 年，缴费期 20 年）。

重大疾病险 B ：提升重疾保额；预算为每年 5 000 元（保额

30 万元，保终身，缴费期 30 年）。

保障速览

身故补偿（不限死亡原因）：130 万元。

额外身故补偿（仅限意外原因）：150 万元。

意外医疗补偿：1 万元（上限）。

住院医疗补偿：100 万元（上限）。

重大疾病补偿：80 万元。

34 岁

有了孩子，你的第一感觉是：肩上的担子更重了。已经购买的三份定期寿险，分别是为了父母的养老、配偶的生活、房贷的偿还，现在你需要为孩子买一份定期寿险了。

即将迈入 35 岁门槛的你，也是时候关心自己的养老问题了。每个月强制购买一部分养老保险，可以帮你达到自律式储蓄的目的。此外，部分商业养老保险具备税收递延功能，可以缓解个人所得税的压力。

新增保险情况

定期寿险 D：受益人为子女，保额相当于孩子 5 年的生活费；预算为每年 4 000 元（保额 100 万元，保到 60 岁，缴费期 20 年）。

养老保险（60 岁领取）：预算为每年 60 000 元（每月 5 000 元）。

保障速览

意外险：包含意外身故 / 伤残责任，意外医疗责任；预算为每年 200 元（保额 50 万元）。

意外险：包含意外身故 / 伤残责任；预算为每年 400 元（保额 100 万元）。

医疗险：包含疾病导致的住院医疗责任；预算为每年 200 元。

定期寿险 A：受益人为父母，保额相当于父母 5 年的退休金；预算为每年 500 元（保额 50 万元，保障期 30 年，缴费期 30 年）。

定期寿险 B：受益人为法定受益人，保额相当于自己 5 倍的年薪。预算为每年 1 000 元（保额 80 万元，保到 60 岁，缴费期 30 年）。

减额定期寿险 C：受益人为法定受益人，保额等于房贷总额；预算为每年 2 000 元（保额 150 万元，保障期 30 年，缴费期 20 年）。

定期寿险 D：受益人为子女，保额相当于孩子 5 年的生活费；预算为每年 4 000 元（保额 100 万元，保到 60 岁，缴费期 20 年）。

重大疾病险 A：保额相当于自己当时的 3 倍年薪；预算为每年 5 000 元（保额 50 万元，保到 70 岁，缴费期 30 年）。

重大疾病险 B：提升重疾险保额；预算为每年 5 000 元

（保额 30 万元，保终身，缴费期 30 年）。

养老保险（60 岁领取）：预算为每年 60 000 元（每月 5 000 元）。

至此，你大概终于明白了：给自己买保险，不能一蹴而就，应随着人生进入不同阶段而分步实施。在这个过程中，我们需要对自己的情感进行再分配，说到底就是，回答“为谁买保险”的问题。比如，涉及医疗补偿的保险（如住院医疗险、重大疾病险），是为了让自己不至于被疾病掏空腰包；再比如，涉及身故补偿的保险（如定期寿险、意外险），是为了让家人能够继续维持原来的生活水准。

考虑到正在阅读这本书的你基本为 18~50 岁，所以上文的模拟案例适用于你。而且，不管你是单身还是已婚，也不管你有没有孩子，我可以肯定地说：中产阶级“四大保险金刚”，是每个人都应该配置的。只不过因每个人具体的角色不同，不同产品的重要性对其有所不同罢了。

06

家人之外，这些保险也很有必要

车险很简单，买对却很难

你怎么买车险，我其实一点儿也不在乎。
我只在乎你有没有意识到：这个世界上，人比车值钱。

只要你是车主，不管是交强险还是商业险，每年都免不了缴纳车险保费。要知道，全国机动车保有量已经突破 3 亿辆，这意味着即使很多人没有为自己买过保险，也一定给汽车买过保险。

关于如此普遍的车险，很多人买起来却依然稀里糊涂。为了对得起每年几千元甚至上万元的花销，弄懂车险很有必要。

买车险的原则：先看人，再看车

买车险的时候我们大都听过一个词：全险。当你买了所谓的全险之后，潜意识里一定觉得：以后我这车什么问题都不用担心了。难怪新闻里经常报道，某司机全责撞伤行人后不仅对伤者不闻不问，还大言不惭地说：我有全险，不怕。

其实，“全险”这个词很有迷惑性。到底什么叫“全险”？责任越多越好吗？保额越高越好吗？没人说得清楚，保险公司也从来没有明确定义过这个词。在我看来，真正全面的车险应该从保险责任出发，做到“主要风险保障有力，次要风险量力而行”。

主要风险指驾驶行为造成的影响最大的潜在风险。与之相比，影响较小的潜在风险就是次要风险了。比如，驾车不慎撞到人，与非碰撞造成的车漆划痕相比，前者的影响肯定大于后者。因此，第三者责任险肯定比划痕险重要得多。

这个例子背后是一个被许多人忽视的道理：买车险，其实应该先看人再看车。

车险这个名字太有导向性了，似乎意味着我们要以车为主，一切都是为了解决车的磕碰问题。然而，很少有人想过以下问题：

> 我驾车不小心撞了别人，该怎么办？
>
> 我在交通事故中受伤，该怎么办？
>
> 朋友搭我便车时遭遇车祸，该怎么办？

这些事关人而非车的问题，其实才是车险应主要考量的问题，我们的政府也是这么想的。

如果车祸对个体带来的伤害累积到足够多，就会变成社会矛盾和风险。这是交强险产生的背景：任何情况下，受害人都能得到有效、及时的赔偿。但交强险和社会医疗保险很像，都只追求最广泛的覆盖范围，而不追求保障的深度。比如，如果驾驶者因驾驶疏忽造成路人身亡，在只投保交强险的情况下，最多可获得的赔付额只有 11 万元。这显然无法满足受害人家属的合理赔偿诉求。

交通事故造成的死亡赔偿，往往以该地区上一年度人均可支配收入的 20 倍为标准。换句话说，在北京、上海等经济发达地区，因驾车致死引发的赔偿，动辄百万元的案例并不鲜见，仅靠交强险根本无法满足。如果之前投保了 200 万元保额的第三者责任险，那么对于事故双方来说它都堪称雪中送炭。这是商业车险的一项重要功能。

解决了事故造成的第三方损失，下一步就是考虑你自己的问题了。发生事故后，不管是你自己还是同车的朋友，都可以通过驾乘人员意外险获得赔偿。驾乘人员意外险的本质就是意外险，只不过将保障对象拓展到了所有乘车人。这种意外险，只要包含意外身故和意外医疗责任就足够了。

把人的问题解决后，车的问题解决起来就简单多了。不管是最常见的车损险和盗抢险，还是以附加险形式存在的玻璃破碎险、发动机涉水险、车身划痕险等，都应由你基于预算和驾车环境综合决定是否购买。如果你居住在常年多雨的地区，而且没有固定的停车位，那么投保发动机涉水险和车身划痕险就很有必要。

车险怎么买才便宜

车险的定价本应是一件特别简单的事情，即保额决定价格。价值 20 万元的汽车，保额 200 万元的第三者责任险，这些金额都是客观和确定的。就好比两个人在北京买了同一款奥迪 A6 汽车，车辆本身的价值是一样的，车险选择的保障责任也一样。

放在前几年，这两个人的保费将完全相同。但随着车险价格政策的多次调整，原先保险公司计算出来的价格，已经变为基准保费。在此基础之上，保险公司又增加了许多额外的规则。

第一个规则是看去年的理赔情况。比如，去年的理赔次数超过5次，这意味着你这个司机不怎么靠谱，所以你今年的车险价格会上涨。这个涨价或者打折的标准是一个区间，由政府制定，各地不同。比如，对于未出险客户，北京的保险公司可以打7折，而上海只能打7.5折。这取决于各地区的规定，有点儿像地方性的规章制度。

第二个规则是在保险公司眼里你够不够“安全”。说白了，保险公司可以根据你的理赔数据，比如理赔次数、理赔金额、理赔定责情况等，来考虑是否给予你保费上的折扣。

第三个规则是在销售渠道眼里你够不够“安全”。假如包括你在内，去年共有100位车主通过4S店投保了车险，一年后只有一两辆车出险，整体驾车安全情况非常好。在这种情况下，保险公司决定，只要客户通过这个4S店买车险就可以额外打折。关于这个折扣，政府一般也会设定一个比例，通常不低于7折。

第四个规则是看你去年的交通违规情况。比如闯过几次红灯，有过几次超速驾驶，这些也会成为决定车险价格高低的因素。一个不靠谱的司机理应支付更多的保费。但由于这条规则的实行前提是数据的准确性和全面性，所以目前只在北京、上海、深圳等少数地区参考执行。

说到这里你可能会发现，不同的保险公司、不同的销售渠道针对同一款汽车的同一种车险，可能会给出不一样的报价。更何况还要考虑一个因素：有的渠道为了留住客户，会在正常打折的基础上，额外赠送加油卡或礼品卡。所以很难笼统地下结论说在哪个渠道买车险最便宜。我提倡的方式是多问、多了解。不能听到一个报价，就直接下单购买。

值得注意的是，车险有个特点，除价格外，服务质量也决定着产品的竞争力。这一点和人身险不同。之前介绍重疾险、定期寿险等人身险时，我建议大家强化产品责任和性价比，淡化保险公司。比如，重疾险的理赔频率很低，一生可能只有一次，保险公司拿到你提交的材料并进行确认后，转账给你即可，至多是早一天晚一天的区别，本质上没有什么不同。

但车险就不一样了。保险公司如果拥有更多网点和理赔车辆，就意味着他们能更快到达事故现场；工作人员经验更丰富，就意味着他们可以更顺畅地解决事故纠纷，为你节省大量时间；理赔流程更智能，就意味着你可能只需用手机拍张照片，上传一下就能拿到理赔金了，而无须前往保险公司网点取号、排队、提交资料。

这些服务的背后是丰富的理赔经验、大量的资源投入，以及扎实的信息技术能力。这就是我建议大家在买车险时关注大公司的原因，对于车险这种商品来说，规模优势不容忽视。

如果总结我的车险购买经验，就是简单的两步。

第一步，确定渠道和价格。你可以通过三种方式了解车险报价：拨打保险公司车险电话，联系 4S 店，借助互联网平台。不管通过哪种方式购买车险，后续的理赔和服务都没有差别，保险公司会一视同仁。

第二步，挑选公司。在几个最低的报价方案中，选择规模较大、口碑较好的保险公司的产品。

车险的未来

车险并不是一门赚钱的生意。如果我告诉你，大多数财险公司都在赔钱卖车险，你会不会觉得很惊讶？真正赚到钱的其实是销售车险的渠道。比如4S店，它表面上在卖车，实际上是一个金融平台，你可以在4S店购买汽车保险、申请汽车贷款，这类平均每笔可带来上千元收入的金融业务，成了很多4S店最主要的收入来源。

各家公司销售的车险，都是完全一样的产品，连条款都是由政府统一制定的。而在人身保险公司，重疾险、意外险则皆由保险公司自行开发，产品功能自然各不相同。

在同质化竞争态势下，车险市场的集中度越来越高，中国近2/3的车险市场份额被4家保险公司占据。更可怕的是，这4家公司的集中度还在继续上升。

既然产品一模一样，比拼的自然就是价格和服务了。对消费者来说，哪家公司的产品便宜、服务好，就买哪家。中小公司为了生存，只能依靠价格战这个招数。但车险市场的特点在于，真正有实力和资本打价格战的反而是大公司。

如前文所述，车险的后端服务至关重要，这意味着车险是一项很"重"的商业模式，大量的资本投入和大量的网点铺设，投入的都是实打实的金钱。在这种规模经济下，大公司的优势越发明显。这种"强者恒强"的马太效应，不是一个健康市场应有的样子。但就目前看来，不管是政府部门还是市场本身，都没有什么好办法。

这还不算完，在竞争日趋激烈的车险市场上，又出现了新的参与者——互联网巨头。想象一下，如果有一家公司告诉你，考虑到你全年都严格遵守北京的机动车限行规则，同时拥有良好的开车习惯，它决定把你的车险价格降低 30%，对于车险市场尤其是消费者来说，这可谓吸引力十足。

事实上，掌握海量消费者数据的互联网公司，有理由也有实力这么做。车险本质上是一个基于自身使用习惯、周遭环境等前提的大数据模型，在这个战场上，当然不只有保险公司。不管怎样，只要你是一名遵纪守法的好司机，未来的车险产品对你而言一定会更优惠。

为家里最值钱的东西买份保险

——我家的房子不在地震带上。

——嗯，天津港附近的房子也不在地震带上。

如今，对大多数普通家庭来说，房子是他们最大的资产。

但很少有人会给自己的这笔最值钱的资产买一份保险。因为大家认为，房子怎么可能会没了呢？怎么可能被毁掉呢？更何况房子不像汽车会在路上跑来跑去，风险自然更小了。

保障房屋财产安全的保险，统称为家庭财产保险，也可简称为家财险。如果你觉得没必要给自己的房屋买一份这样的保险，那可能是因为你不知道它有多便宜。风险和成本成正比，概率更小的风险，相应的保费也不会高。对于国内的大多数家庭来说，一年只需花两三百元，就能购买一份适合自己的家财险。接下来我会详细剖析家财险：它到底解决什么问题？有哪些注意事项？看完后，要不要为你们家的房子买份保险，由你自己决定。

家财险到底保什么

和大多数保险产品类似，家财险也可以设计成“主险 + 附加险”的形式。主险是必须购买的，附加险则可结合自己的情况选购。家财险中的主险，解决的是房屋本身的风险问题，关注的是可能造成最大损失的潜在风险，具体如下：

1. 房屋及其室内附属设备，比如水暖、气暖、管道设施等；
2. 室内装修，比如地板、吊顶、墙纸、水电等；
3. 室内财产，比如家具、电器等。

说白了，房屋倒了、装修毁了、家电坏了，这三种情况是房屋面临的主要风险。需要注意的是，三者的保额是不一样的。和房屋本身相比，装修和财产的价值要低一些。一场爆炸事故发生后，房屋结构直接受损，这套房子的实际价值大打折扣，不仅无法继续居住，也基本无法交易和转让了。这时候，只有几十万甚至上百万元的赔偿才能弥补该损失。

因此，房屋及其室内附属设备的保额通常从几十万到上千万元不等，而室内装修和财产的保额则基本在几万到几十万元。

买完主险并不意味着万事大吉了。除了发生概率低的大型灾害类风险，我们的房屋还会面临许多日常的小风险，比如家里被盗、水管漏水。这种事虽称不上巨大打击，但总归会造成一定的损失，这时候如果保险能进行弥补，当然是一件好事。

所以，你可以把附加险看作针对小风险的补充手段，其责任范围是：

1. 室内盗抢损失：因入户盗窃和抢劫造成的财产损失；

2. 第三者责任损失：阳台花盆掉下致人伤亡和造成的财产损失；

3. 管道破裂损失：自来水管、暖气水管爆裂，把自家和邻居家都淹了。

我不建议你死记硬背附加险的分类标准，你应该根据自己想要的责任（比如解决管道破裂的风险），找到对应的保险条款，并阅读条款内容，只要匹配自己的需求即可。没人能说得清应该买哪种附加险，但你肯定知道自己想要什么。

那么，当你根据自己的需求去阅读条款时，应该怎么做呢？

第一步：了解责任范围

选购人身保险时，阅读条款、了解除外责任是一门必修课。即使有代理人为你服务，很多问题的答案其实都在条款里。尤其是很多除外责任，大多数代理人没有时间一字一句地念给你听。

与保障期长、保费多的人身险相比，家财险似乎简单得多。但是，家财险的条款可一点儿也不简单。你可以在条款里发现许多前提条件，不了解清楚这些“麻烦”，你买到的家财险可能就无法发挥作用。

其中最重要的是，造成财产损失的原因到底包括哪些。有的家财险只包含火灾、爆炸、飞行物坠落和外部建筑倒塌的风险，而像台风、冰雹、洪水这种常见自然灾害却不在其责任范围内，这样的家财险产品要远离。

尽可能多地囊括财产损失风险，是一个好产品的必备条件。如果能满足这个条件，哪怕价格高也值得买。除此之外，还有几个前提条件。

第一，家财险只承保钢结构、钢筋混凝土结构、砖混结构的房屋，木屋、草屋不在承保范围内。此外，房龄过大（比如 30 年以上）、产权不清晰（小产权、农村集体产权）的房屋也不在承保范围内。

请留意你要投保的房屋是否符合上述要求。这里普遍存在一个误解：只有业主才能购买家财险。事实上，租户（有合法的租赁合同）也可以为自己租赁的住宅购买家财险。只要搭配合适的附加险，租户就不用担心由于自己的用电、用水疏忽造成的经济损失了。

第二，室内财产也是有承保范围的，并不是说财物只要在家里就都可以赔偿。比如，首饰和邮票藏品等贵重物品，文件、账簿、闪存盘等资料类财产，这些物品本身难以估价，通常都会被排除在承保范围之外。如果你想防范这类财产的风险，可以通过购买特定的附加险来解决。

第二步：看清除外责任

除了这些前提条件，条款中还有一个专门的章节：除外责任。这部分内容也要仔细地看清楚，不要“想当然”。

对主险而言，最常见的除外责任是战争造成的房屋、装修和财产损失。对于地震、海啸等超大自然灾害，大部分家财险的主险也不会涵盖。

由于附加险种类繁多，这里只列举常见的几种。

房屋盗抢险规定，因门窗未锁致使保险标的遭受盗窃、存在窗外钩物行为或无明显现场痕迹的盗窃行为，都不在保险范围内。管道破裂及水渍损失险规定，因水暖管年久失修、自然磨损、腐蚀变质或未采取必要的防护措施，或者被保险人及其家庭成员、其他亲属、暂居人员、雇用人员擅自改动原管道设计或用途导致的损失，也不在保险范围内。

看到这里，你可能会觉得这些除外责任有点儿吹毛求疵，其实就是不想赔付。我建议大家不妨换个角度思考这个问题。

首先，风险具有不确定性，当人为因素介入（比如擅自改动管道）的时候，风险的不确定性中就增加了无法评估的人为因素。其次，从公平的角度看，如果门窗未锁导致的财务失窃也要保险公司赔偿，这实际上是一种不公平的做法，即房屋安全措施做得好的客户要为做得不好的客户买单。最后，有些所谓的除外责任也并非不保，而是以新的保险产品形式存在。比如，要应对地震和海啸风险，你可以投保地震巨灾保险。

所以，大多数除外条款都是讲道理的，但确实也存在让人无奈的除外条款，以后遇到这类产品，记得绕路走。

比如，关于玻璃单独破损的除外责任是这样的：

> 保险事故造成的玻璃单独破损，但与玻璃为一体的其他保险标的一并发生损失的情形除外。

你可能没看懂，我举例为大家说明。

曾经肆虐厦门的台风“莫兰蒂”，让许多家庭都遭受了不同程度的经济损失。装修受损、地板被泡是可以赔偿的，但如果家中其他财物都完好无损，只有玻璃破了，就不能获得理赔。那么在什么情况下玻璃破损能够赔偿呢？包括玻璃窗在内的整个阳台都严重受损，则可以理赔。

这个除外责任设计的初衷，应当是出于成本的考量。玻璃单独破损的情况比较常见，赔付概率高。但不管怎么说，从消费者角度来讲这都是糟糕的体验。

第三步：学会互相搭配

家中暖气管道或卫生间管道突然破裂，不仅泡坏了自家的地板，还毁了楼下邻居家的天花板吊顶，不少人都经历过这种糟心事。如果想通过家财险解决这个问题，仅靠主险是不行的。主险只负责由火灾、爆炸、台风等自然灾害造成的房屋损失，和家中的管道破裂没什么关系。好吧，让我们看看有没有管道相关的附加险。我们惊喜地发现有一款《附加管道破裂及水渍损失保险》，其责任条款里明确写道：

> 因高压、碰撞、严寒或高温造成被保险房屋内、楼上住户、隔壁住户或属于业主共有部分的自来水管道、暖气管道（含暖气片）、下水管道以及太阳能热水器室内外管道（以下简称“水暖管”）破裂，造成主险保险标的遭受水浸、腐蚀导致的直接

> 损失，以及因此产生的水暖管修复更换费用，保险人按本附加险合同的约定负责赔偿。

这个附加险看起来不错，既包含了家中地板浸泡的经济损失（主险保险标的遭受水浸、腐蚀导致的直接损失），还能把管道更换费也一起解决了。但仔细一想，它没有提到邻居家的损失该怎么办。

邻居的损失属于第三者责任，得通过《附加管道破裂及水渍第三者责任保险》来解决。看到这里，你可能觉得有点儿困惑。我拿前文讲过的车险与管道险做个对比。

假设你驾车撞到了张三，需要对他进行赔偿，这被定义为“导致第三者人身伤亡或财产损失”。假设你家管道漏水弄坏了张三家的吊顶，需要对他进行赔偿，这也被定义为“导致第三者人身伤亡或财产损失”。

我们来看看《附加管道破裂及水渍第三者责任保险》是怎么说的：

> 被保险房屋内水暖管因高压、碰撞、严寒、高温造成爆裂，导致第三者人身伤亡或财产损失的，应由被保险人承担的经济赔偿责任，保险人按照本附加险合同约定负责赔偿。

看到这里，你应该明白了，为了一个小小的“管道漏水殃及邻居”的需求，你需要购买一份主险和两份附加险。不得不说整个操作过程确实耗时，但好在不难理解，为了买到自己真正需要的保险，投入点儿精力也是值得的。

所以，只有主险而没有附加险，这是不完整的。在做家财险规划的时候，我们一定要在解决重大风险（由主险负责）的基础上，结合自身预算和需求，搞定部分一般风险（由附加险负责）。

外出旅游，请一定买份旅游险

搞懂旅游险堪称投入产出比最高的一项工作，倘若方法得当，从挑选、分析到购买只需要10分钟。

不管是去日本京都赏樱花，租一辆“福特野马”自驾横穿美国88号公路，还是去英国曼彻斯特看一场激动人心的英超德比，你的旅行规划几乎都会从订机票、酒店开始。在这个过程中，还会伴随着“途中要光顾哪家著名餐馆？”“随身 Wi-Fi（无线保真）和上网卡哪个更好用？”“如何兑换外币更划算？”等问题。

这时候如果我问你：旅游保险买了吗？都包含哪些责任？你的回答很可能是：我已经忙不过来了，哪有时间买旅游险！

大多数人都不太关注旅游险，之所以投保旅游险，要么是签证的强制要求（比如申根签证要求申请人必须投保一份商业旅游险），要么是“他人购买”（比如旅行社提前统一购买）。真正在做旅行规划时仔细研究旅游险的人，少之又少。

搞懂旅游险堪称投入产出比最高的一项工作，倘若方法得当，从挑选、分析到购买只需要 10 分钟。当然，前提条件是：你先花 5 分钟好好读读以下内容。

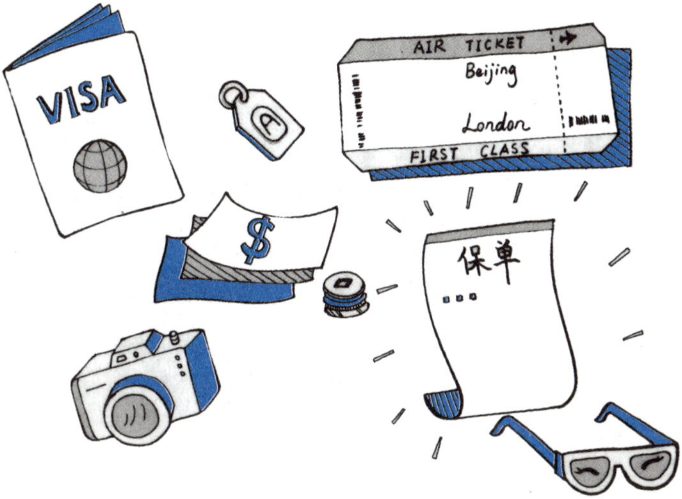

旅游保险是干什么用的

一名游客在境外自驾旅游时发生车祸导致骨折，被救护车送往就近医院治疗。几天后，由于伤者要保持平躺姿势，所以需乘坐商务舱或头等舱返回国内，并由救护车运送至当地医院。

这不是虚构的故事，它几年前就发生在我太太身上。当时在欧洲我们遭遇车祸，经历了一次终生难忘的紧急救援。这当然不是什么值得夸耀的经历，却着实加深了我们对旅游险的认识。

如果未提前购买旅游险，会有什么后果？

第一，治疗费用无法报销。作为外国游客，我们自然没有当地的医保可用，所有治疗支出都是自费。连同急救费用在内，在 3 万多元的医疗支出中，除了 3 000 多元的腰部支架，其他费用最终都通过保险理赔报销了。

第二，没有人会为我们安排返程航班的商务舱座位。在异乡的治疗过程中，我们只需通过邮件把相关医疗材料发给保险公司（证明的确需要保持平躺姿势），很快就收到了商务舱的订票确认信息，免去了预订机票的难题。当然，商务舱的机票自然也不用我们付钱。

第三，风险袭来时感到孤立无援、手足无措。我太太在国外接受治疗期间，一方面得到了家人的支持，他们通过外汇汇款，解决了我们手头一时没有那么多欧元的问题；另一方面得到了保险公司的协助，让我们不用担心治疗费用和后续问题。人在困境中对这种援助的体会是很深刻的。

从我和我太太的亲身经历可以看出，旅游险可以非常有效地应对意外伤害带来的风险，它不仅会给你经济上的补偿，还会为你提供雪中送炭的服务。

仔细想想，外出旅游可能遇到的两个最大的风险就是死亡和受伤。

第一类风险：旅游时死亡。

这一点无须多说，旅行途中发生的交通意外（比如车祸）或者游览意外（比如坠崖）都会导致意外死亡。如果你购买了意外险和定期寿险，就可以得到保险公司的赔付。

第二种风险：旅游时受伤。

外出旅游期间，我们所处的环境不同于平时。尤其是出行，不管是选择公共交通还是自驾，道路环境对我们而言几乎是完全陌生的。因此，和死亡比起来，受伤的概率更高。而且，常见的意外险和医疗险仅限在国内医院就医，所以这一风险完全要靠你的旅游险来解决。

针对死亡和受伤风险，旅游险通常包含的责任有以下几种：

意外身故：遗体/骨灰转运，会有专门的转运公司负责将身故者的遗体和骨灰运回他的家乡。

意外残疾：根据伤残等级，支付相应的理赔款。

医疗费用：这要看你买的旅游险是只负责意外受伤的医疗费，还是也负责疾病的医疗费。比如，阑尾炎显然不属于意外，如果你购买的旅游险只包含意外医疗责任而你在旅行期间阑尾炎发作，那你只能自己掏腰包看病。

医疗运送与往返：医疗运送也可以理解为国际救援服务。如果因为医疗条件和设备要求必须进行运送，并且时间紧迫，用直升机进行跨国运送也是可以的。

慰问探访：如果在外住院时间较长，保险公司还可以承担一名亲友前往探视的交通费和住宿费。

对了，还有一些突发事件。

除了意外身故和受伤，行李丢失、钱包丢失、信用卡被盗刷、航班延误，也是常见的旅行风险。即使你想得再周全，规划得再详细，遇到上述问题也会手忙脚乱。

比如，如果自驾游出车祸受伤，除了你自己需要的急诊费用，在你全责且对方没有足够保险的情况下，就需要靠第三方责任险来帮你摆平你对他人造成的财产损失甚至伤亡了。再比如，行李遭遇暴力托运，平板电脑屏幕粉碎，凭借“托运行李损失责任”，只要你留好相关证据，就可以向保险公司申请理赔。

又比如，由天气或者航空公司员工罢工（这在欧洲很常见）导致的航班延误，只要达到一定时长（6 个小时或者 8 个小时），就可以获得几百元的理赔金。

这些在旅游时可能遇到的意外情况，相较意外身故和医疗，可能算不上重大风险，但对于中短期旅行来说完全值得额外花点儿钱买旅游险。除了刚才我们说的第三方责任、托运行李损失责任、旅行延误责任等，还有以下保险责任值得我们关注：

> 旅行计划取消：目的地突然爆发战争、瘟疫，或者直系亲属突然身故，以致无法按原计划出游。对于一些不可退还的费用（比如机票、酒店），可以通过旅游险获得合理的补偿。
>
> 托运行李延误：因运送不当导致行李延误，保险公司会按照额度给予赔偿。
>
> 银行卡盗刷损失：只要证明因为银行卡丢失或者被窃，导致被盗刷，可在额度范围内获得赔付。
>
> 旅行证件重置费用：在旅途中，除了丢银行卡，还有可能丢失护照。对此，保险公司也会予以合理的赔偿。

找到这些责任条款后，我们需要做的就是仔细阅读关于每项责任的具体描述。比如，延误多久算延误？物品损失有没有免赔额？盗刷笔数有要求吗？我们起码要对这些做到心中有数。

旅途中的风险，尽量全覆盖

旅游险的本质是多个产品的组合，包括意外险、财产险、责任险等，类似于麦当劳套餐。

但在选购旅游险时，你可千万别为了省钱而套用麦当劳理论。

前文讲过的麦当劳理论，是指在我们买保险时，可以把不太重要的单品去掉，把套餐变为单点。比如单点一个汉堡和一杯可乐，或者少吃一包薯条，既可以帮你省钱，也不会让你饿肚子。但选购旅游险不一样。为了便于理解，你可以把旅游险类比成“少女风”。

什么是少女风？它指的是某种衣服吗？不是。是某种饰品吗？也不是。少女风指的是身着某种色调和风格的服装，搭配某种类型的饰品后形成的整体少女风格。当然，妆容也是不可或缺的元素。少女风涉及的某种色调和风格的服装，可以类比为意外险；配饰和妆容是辅助因素，可以类比为责任险和财产险。旅游险也是多险种的搭配组合，因此我们没必要对旅游险做拆分。基于旅途中的风险，保险公司提供的具体产品都是值得考虑的。

考虑到出游时间多为两周以内，责任多一点儿还是少一点儿，在价格上没有太大区别，我们完全没必要为了省几十元钱而纠结该选哪个责任。总之，购买旅游险的一条标准就是：责任越多越好。

最后，再说一下注意事项。

第一，一定要在出行前就投保旅游险。只要确定了旅行时间，就可以购买旅游险。旅游险都是次日凌晨生效，如果出发当天才买，当天的风险就没有保障。

第二，投保时要注意保单的生效日。保单什么时候开始生效，投保的时候就要设定好。保单生效时间要覆盖整个旅程。

第三，投保之前一定要仔细阅读保险条款，尤其是除外责任。否则你以为保险能为你做的，很可能只是你一厢情愿的想法。

> 被保险人参加潜水、滑雪、滑板、滑翔、冲浪、蹦极、热气球、跳伞、攀岩、漂流、探险活动、特技表演、赛马、赛车等高风险运动，或进行摔跤、柔道、拳击、武术、散打、空手道、跆拳道等搏击运动。

以上所引内容是某款保险的除外责任条款中的一条。看到这些，想去日本滑雪、美国加州冲浪、土耳其坐热气球的你，赶快换一款旅游保险吧。

07

签字之后：
搞定理赔、投诉及其他

保险买好了，我的保单在哪儿呢？

保险规划是一项贯穿一生的动态工作，一个人或一个家庭必然不可能只有一张保单。随着家庭成员的变化和需求的增加，保险配置会越来越丰富。

到目前为止，关于怎么买保险这个问题，相信你已经差不多搞清楚了。欣喜之余，请允许我向你泼一盆冷水：

买完保险并不代表万事大吉，管理好保单也很关键。

保单作为你和保险公司之间的契约，其重要性不言而喻。它列示着双方的权利和责任，更是未来你申请理赔时的重要依据和参考。管理好保单，既是对自己负责，也是对花出去的钱负责。保险行业有句玩笑话：客户交了一沓钱，只换回来几张纸。这样看来，这几张纸真应该好好珍惜。

对待保险，请严肃一点儿

保险有个特点：买得越随性，越容易忘记。我不止一次地听到身边的朋友抱怨，之前在网上买过一个什么意外险，但它具体保障哪些责任，已不太记得了。在这种情况下，投保人如果发生意外受伤，就得好好想想这个产品到底是在哪里买的，找出电子保单，看看它是否包含意外医疗责任，然后联系保险公司申请理赔。如果不幸意外身故就更麻烦了，亲属中没人知道身故者买过这个保险，自然也就没办法申请理赔。

所以，管理不好保单，问题可真不少。

第一个问题是保障隐形。所谓“隐形”，是指你确实买了保险，也确实发生了保险事故，但你却没有意识到自己买过这类保险。这很正常，我们使用手机 App 时经常会看到保险相关的推送信息，如果是一个十几元钱的意外险，买完后过不了多久就会忘得一干二净：在哪买的？保单号多少？哪家保险公司的？怎么报案？从消费习惯看，消费者很难记住 100 元钱以内花销的具体内容。

第二个问题是保障幻觉。这很容易理解：一份保障期限为一年的保险（比如意外险），一年后保险到期，投保人却浑然不觉，即使收到了保险公司的短信提醒，无意中忽略也是常有的事。保险失效后如果发生保险事故，可以说是追悔莫及。

不过这种情况主要是针对意外险这类短期产品而言的，如果你购买的是长期保险，基本上不会出现这种问题。原因有如下几点。

首先，长期险保费通常较高，消费者对于大额消费的重视程度也更高，不太容易遗忘。长期保险这一独特的优点，加上其持续性和稳定性，是我一直强烈推荐大家购买的重要原因。

其次，像重疾险、定期寿险这类长期产品，投保时保险公司往往会要求投保人填写其储蓄卡账号，以便于以后每年扣款。也就是说，无须你每年主动交钱，到了扣款日期，保险公司会自动从你储蓄卡上划款。不过有时候，“成也自动扣款，败也自动扣款。”看似完美的解决方案，却藏着一个魔鬼般的细节：储蓄卡余额不足导致扣款失败。如果一份保险的缴费期限是 20 年，我们中有多少人会 20 年如一日地使用一张银行卡呢？在多次扣款失败后，保单可能就会面临失效的风险。

说完保障隐形和保障幻觉，第三个也是最后一个问题是保障浪费，即重复购买。就住院医疗险和包含医疗责任的意外险等产品而言，购买多个产品并不代表能获得多次赔付。

举个例子，如果我意外扭伤脚踝，看病花了 1 000 元，A 公司的意外医疗向我赔付完，我就不能再去找 B 公司申请赔偿。医疗开支的补偿，是为了弥补损失，在这一点上，重大疾病责任与身故责任的区别很大。倘若你明确知道自己已经购买了上万元保额的意外医疗产品，就不要再额外购买同类产品了。

保险管理三部曲

想要避免上面提到的三大问题，管理好保险非常有必要。为便于理解，我把保单管理总结为以下三个步骤。

第一步，保单汇总。

不管你从哪里购买保险，也不管你交了多少保费，你都会在投保成功后获得一份保单。如果通过保险业务员投保，你会在投保成功后获得一份纸质保险合同，它通常是一份 A4 纸大小的手册，有彩色的封面和封底；如果你通过互联网投保，且在投保时如实填写了个人邮箱，就会收到一份保险公司发送的电子邮件，其附件会包含一份电子保单。

保单究竟是电子版还是纸质版，一点儿也不重要。《中华人民共和国合同法》规定，电子保单和纸质保单具有等同的法律效力。相较而言，我更喜欢电子保单，因为它更易存储，不易丢失，而且可以随时查阅。

对于保险的一切疑问，我们都可以从保单中找到答案。比如，保险公司提供哪些保障，怎么交钱，怎么申请理赔等。你需要做的，就是把所有纸质保单收集起来统一存放；电子保单则应及时下载，把它们存储在电脑或者网盘里。

第二步，建立清单。

当你和家人拥有不止一张保单的时候，我强烈建议你编制一个表格，把各个产品的保险责任、缴费银行卡、缴费日期、保障期限等关键信息一一罗列出来。有了这个表格，相信你一定会对自己的保险配置情况一目了然。

为什么要制作保险清单？一目了然又有什么用呢？答案是，保险清单可以帮你解答以下问题：

如果配偶不幸身故，家人可以获得多少赔偿？

如果配偶罹患重疾，可以获得多少赔偿？

是否需要增加定期寿险的保额？

每年自动扣款集中发生在几月份？我的扣费银行卡是哪一张？

关于第一个问题，我们需要把包含身故责任的保险产品进行累加才能解答；关于第二个问题，我们需要把包含重大疾病责任的保险产品进行累加才能解答；关于第三个问题，仔细查清所有保险的缴费日期和其对应的银行卡后才能解答。

保险清单之所以存在，也是由保险本身的性质决定的。保险规划是一项贯穿一生的动态工作，一个人或一个家庭必然不可能只有一张保单。即使你只购买“四大保险金刚”（定期寿险、重大疾病险、商业医疗险、意外险），至少也要面对 4 张保单。而且，随着家庭成员的变化和需求的增加，保险配置会越来越丰富。也许你经常听到“一张保单保全家”之类的宣传口号，可千万别信，告诉你这句话的人只是想让你尽可能多地从他那里买保险。

第三步，告知亲友。

买完保险后，请一定要告知至少一位亲人，要么是你的配偶，要么是你的父母。总之，请确保即使你发生了事故，你的家人也能拿着保单找保险公司索赔。

这听上去不难，但第三步实实在在要依赖于前两个步骤。以我为例，作为家庭保险清单的负责人，我除了会不断更新清单列表，还会确保我太太、母亲及岳母人手一份清单。这样一来，家人的所有保险情况，至少有 4 个人一清二楚。

如果你给自己买了一份保险却谁也没告诉，一旦发生保险事故，保险公司将无从获取客户信息，也就无法主动联系客户进行理赔。但有几种情况例外：一是团体保险，企业人力会了解每个员工的保障情况，对于员工身故的赔偿会主动介入；二是对于空难这种大型事故，保险公司明确了风险的发生，同时考虑到受损群体较大，会主动排查遇难者中是否有投保自家产品的客户，这也是一个展现保险公司理赔效率的重要机会。

管理好保险，还有这些好处

我仔细观察过，坚持做保单管理的人，对保险产品的理解往往更深刻，对保险的很多功能也了然于心。

比如，终身重疾险、年金险、万能险等产品有一个鲜为人知的功能：保单贷款。对此，你可以理解为，多年缴纳的保费在为你提供保障和投资收益的同时，也积累了一份可观的现金价值，在你急需用钱的时候可以支取。

保单借款的期限通常为半年，年利率为5%~6%，相当实用。这个功能的介绍往往藏在保单条款里，位置不如保险责任、除外责任那么明显。

除了发现更多的“隐藏功能”，你还可以通过保单管理来增强保险产品的灵活性。很多人可能想当然地认为，买完保险后，保单内容就固定了，无法更改。其实保险公司在设计产品时，会考虑到家庭人员变化等因素，保险的许多关键功能也可以按需调整。客户可以通过名为“保全”的服务，更改保单的受益人、缴费年限等参数，甚至可以更换投保人。

比如，有人炒股赚了一笔钱，会选择把重疾险剩下几年的保费一次性交完，后续就不用担心缴费问题了。再比如，夫妻离婚，而前夫是投保人，这时，投保人可以变更为现任丈夫，毕竟没多少人愿意继续为前妻花钱。

不少保险从业者有两种职业病。第一种职业病是“新产品粉丝”，市场上推出了某个新产品，如果性价比高且不与已有保险相冲突，就会买一份；第二种职业病是“保单分析师”，除了分析自己的保单，还喜欢了解亲朋好友的保险配置情况，并出谋划策。仔细想想，这可能是因为保单管理背后的规范化和体系化思维，能带给他们别样的快感吧。

离婚后，前妻的保费还需要我交吗？

对于自我意识和独立意识较强的夫妻来说，我强烈建议他们各买各的保险，不要为对方投保。这是避免麻烦的最有效的手段。

除了给自己买保险，你还可以为配偶、子女、父母购买保险。与买给父母和子女的保险相比，买给配偶的保险会面临一个潜在的问题：离婚。当初爱之深，于是为他 / 她买保险；现在各自飞，这些保险该如何处理呢？

你会如何分配自己的情感

在回答这个问题之前，我们必须先弄清楚另一个问题：发生保险事故后，保险的理赔款到底给谁？

假设丈夫罹患胃癌后获得重大疾病险理赔，只要丈夫健在，这笔理赔款就会直接汇到他的银行账户，供他按需使用。三年后，丈夫医治无效身故，获得定期寿险理赔，理赔款无法给到本人，只能交到受益人手中。也就是说，只要被保险人获得理赔的时候还活着，这笔钱就由被保险人自己支配，如果被保险人身故，则由受益人支配。因此，对不涉及身故责任的医疗险和重疾险来说，并不存在受益人的概念。受益人指的是保险成立时，被保险人选择由谁来领取其身故赔偿。

关于受益人，被保险人可以有两种选择。

第一种是默认法定受益人。所谓法定受益人，是指这笔理赔款将由被保险人的配偶、子女和父母共同继承，他们被称为第一顺位继承人。如果他们早于被保险人去世，则意味着第一顺位无人继承理赔款，可由第二顺位（兄弟姐妹、爷爷奶奶、外公外婆）继承。

第二种是指定受益人。假设有 100 万元的理赔款，我希望给妻子 50 万元，给母亲 50 万元，就需要提前指定好。

指定受益人的行为本质上是对你自己情感的分配，它回答了一个问题：我如何为情感定价？

在向朋友介绍定期寿险的时候，我曾不止一次听到一个观点：我是不会指定我的妻子为受益人的，因为她有可能改嫁。坦诚地讲，妻子获得理赔款与妻子改嫁，这完全是两码事。

当然，每个家庭的情况不同，每对夫妻之间的关系也有差别。指定受益人的行为没有对错。

离婚了，保险怎么办

当一对夫妻真的走到离婚这一步时，涉及的就是财产分割和保单归属分配的问题了。这种案例分析最好有个靶子，否则讲起来都是理论，内容也显得空洞无物。

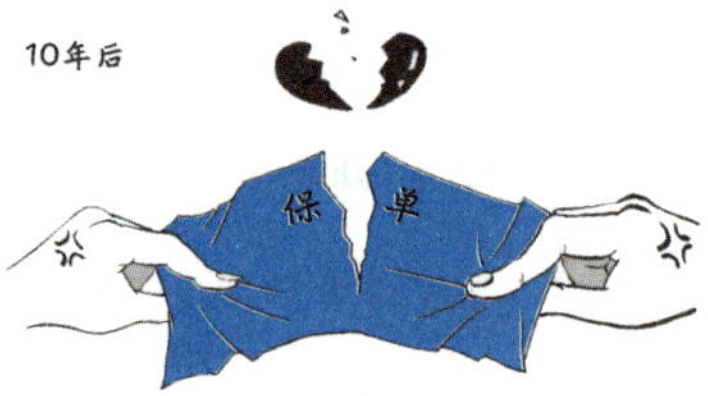

思来想去，索性以我自己为例。我和妻子都是唯物主义者，离婚这件事在我们看来全都是人为的结果。

我和妻子于 2014 年结婚，下面我简单地把我们婚前婚后的保险情况（投保人为我）罗列出来，便于大家理解。

婚前保险情况：

2010年：定期寿险（简称A），年交1 000元，投保人和被保险人都是我，受益人为法定受益人。

2012年：不含身故责任的重疾险（简称B），年交1 500元，投保人和被保险人都是我，无受益人。

婚后保险情况：

2015年：不含身故责任的重疾险（简称C），年交2 000元，投保人是我，被保险人是我妻子，无受益人。

2016年：含身故责任的重疾险（简称D），年交3 000元，投保人是我，被保险人是我妻子，受益人为法定受益人。

2017年：定期寿险（简称E），年交4 000元，投保人和被保险人都是我，受益人为我妻子。

假设我和妻子在2020年离婚，上述保单该如何处理呢？

这里不妨分两种情况讨论，一种是和平分手，一种是彻底决裂。

和平分手意味着尽量不纠缠于鸡毛蒜皮的小事（比如保险），两人各过各的，互不相欠。如果按照这个逻辑来处理上述保单，将会比较顺利。

首先，被保险人为前妻的保单，我此后没有义务继续为其缴纳保费了。所以，我会告知保险公司把投保人变更为前妻。当然，如果我们离婚时她已确定了再婚对象，也可以将投保人变更为她的下一任丈夫。

其次，既然互不相欠，对于婚后财产，我们也应合理分割。就保险而言，只要是婚后缴纳的保费，都属于婚后财产。

以A为例，虽然A是我在婚前购买的，但由于A的缴费期长达20年，至结婚时我只缴纳了4年保费，所以婚后6年（2014—2020）所交保费本质上源自夫妻共同财产，在离婚时，前妻有权利要求对这部分保费进行分割。简单计算一下，婚后缴纳的6期保费的总金额为6 000元，前妻可要求获得3 000元的财产分割。

若我和前妻彻底决裂，就是另一番景象了。

其实这种情况在离婚群体里占多数。倘若昔日夫妻反目成仇，我做的第一件事就是拒绝前妻关于更换 C 和 D 投保人的要求，哪怕她把之前我为她缴纳的保费双倍退还给我也不行。我的要求很简单：将 C 和 D 直接退保。

退保意味着取消保险合同，这是投保人的权利，而且可以不通知被保险人。即使不退保，我也可以通过停止交费的方式，令保单失效。说白了，是否续保，全由投保人的意愿决定。

上述案例分析只是对现实情况的一种简化，真到了离婚的时候，保险的分割涉及很多个人利益和规则，远比想象中复杂。

举个例子。在购买重疾险时，保险公司会额外开发一个功能：投保人豁免。这个功能我在介绍重疾险的时候提过，并未做详细分析。简单地说，投保人豁免指的是当你以投保人的身份为配偶和子女投保重疾险时，可以享受的一个权益：如果投保人（你自己）不幸罹患重疾或身故，则后续保费无须再交。换句话说，如果投保人出保险事故，其配偶和子女的保单不受影响。

这个功能必然意味着，不仅被保险人要通过健康告知，投保人也要通过健康告知。因为对保险公司而言，万一投保人有个什么三长两短，后续将不得不让一份没有保费收入的保单持续生效。

夫妻怎么买保险更好

在现代社会，夫妻双方的自我意识和独立意识越来越强，合不来就离婚，完全没有老一辈人的心理负担。对于有类似价值观和追求的夫妻来说，我强烈建议他们各买各的保险，不要为对方投保。这是避免麻烦的最有效的手段。

这样做的好处是，每份保险的投保人和被保险人都是同一个人。等到离婚进行财产分割时，绝对不会出现一方将另一方的保险退保的情况。之所以强调各买各的，是因为有的重疾险会以投保人豁免为卖点吸引客户购买。而对于夫妻来说，这个功能可能只是看上去很美而已。

在这里，投保人豁免可以理解为，丈夫给妻子投保，妻子也给丈夫投保。保险公司承诺，一旦一方罹患重疾或者身故，除了本人能拿到理赔款之外，另一方保单的剩余保费也不用交了，相当于免除了后续缴费的义务。

不过，投保人豁免并不是免费的午餐。它相当于双方额外花钱购买了一份保额等于“剩余保费”的含身故责任重疾险，一旦出险，就把剩余保费（保额）赔付给保险公司，作为后续保费的来源。这不仅意味着投保人和被保险人要同时满足健康告知要求，还意味着如果未来二人离婚并更换投保人，之前为获取投保人豁免权益而额外交的保费都打了水漂儿，得不偿失。

所以，投保人豁免权益更适用于给未成年子女购买保险的情况。总之，由自己做投保人，才是最稳妥、最踏实的购买方式，不因感情的变化而受影响，这样的保险才更“保险”。

理赔这件事，自己就能搞定

从材料收集到材料分析，再到结论审核，保险公司的理赔是多方参与的过程。试图“买通”某个人来获得赔偿款的想法不切实际。

尽管没人希望风险来袭，但保险的最终目的就是通过理赔来应对风险。因此，对于已经拥有“四大保险金刚”的人来说，搞清楚如何理赔，也是一种未雨绸缪的规划。

说到保险理赔，我先要告诉你一个令人悲伤的事实：保险并不能避免风险的发生，它能做的只是金钱补偿，而情感抚慰和保险基本上没什么关系。接下来，我们来谈谈如何顺利地拿到保险理赔款。

理赔之前，先纠正几个偏见

第一个偏见是，公司越大理赔越容易。我再强调一次，保险公司赔不赔，看的是保险条款，和你从哪家公司买的保险没有关系。

第二个偏见是，有人帮忙才能拿到理赔款。就算你之前对保险条款研究得再透彻，真到了理赔的时候内心也难免忐忑。你当然可以选择直接联系当初卖给你保险的业务员，即使他已经离职或出于各种原因无法为你提供服务，也不影响你先去联系他。

前文提到，保险业务员的流动性很大。更何况在理赔这件事上，大多数销售人员只能发挥转达消息、转送资料的作用，真正的理赔流程是从保险公司收到理赔资料的那一刻才开始的。

正因为觉得理赔环节充满了所谓的“套路”和“潜规则”，才会有人选择相信所谓的“内部人”，以至于发生过不少与此相关的诈骗案。犯罪分子向投保人谎称认识保险公司的理赔专员，可以迅速拿到理赔款，但必须先交 10% 的手续费。这种行为利用了“熟人好办事”的潜在观念。事实上，从材料收集到材料分析，再到结论审核，保险公司的理赔是多方参与的过程。试图“买通”某个人来获得赔偿款的想法不切实际。

第三个偏见是，保险公司会故意刁难，拒绝赔偿。

保险公司的赔偿标准其实一点儿也不神秘，总结起来就是 9 个字：不惜赔，不滥赔，不错赔。不惜赔指的是该赔就要赔，没有任何一家保险公司会试图把能理赔的申请驳回。不滥赔指的是不降低标准，不通融赔付。为了某一位客户而降低理赔标准、给付理赔金，本质上是对所有消费者的不公平。不错赔指的是理赔标准审核的准确性，它是衡量一个理赔人员专业性的重要标准。

关于对理赔的偏见，我在本书的开头就讲过。总之一句话：该赔的保险公司一定会赔。

而且，保险公司的理赔部门也会考核问题的处理效率，他们会尽早判定一个案子能不能赔，也便于开展下一步工作。更何况《保险法》规定，即使情况复杂，保险公司在 30 天内也要做出理赔的核定。

最重要的是，有时候理赔款并非全部由保险公司支付。在保险公司背后有一类名为再保险公司的企业，可以为保险公司的理赔兜底。

“保险四大金刚”怎么赔

关于“保险四大金刚”，说到底只有两种理赔方法。

第一种理赔方法是花多少就报销多少，主要涉及医疗费用的补偿。比如，一份保额为 100 万元、免赔额为 1 万元的住院医疗险，如果住院花销总计为 3 万元，其中医保报销 1 万元，其余 2 万元为自费，自费部分可以通过这份住院医疗险再报销 1 万元。即使保额是 100 万元，保险公司也只赔付 1 万元。

保险业内习惯称这种方式为“费用补偿型”，它的意思是：这种保险至多只能让你在经济上获得补偿，花 100 元获赔 200 元是不可能的。

第二种理赔方法是一锤子买卖，主要涉及包含身故责任、重大疾病责任的保险产品。比如，保额为 100 万元的重大疾病险，投保人罹患重大疾病后拿到的理赔金正好是 100 万元。这种一锤子买卖的理赔方式还有一个极其重要的特点：可以累计赔付。

由于保险公司的风险防范要求，我们很难通过互联网从某家保险公司买到保额为 100 万元的重疾险，保额最多 50 万元。解决这个问题的方法很简单：买两家的就行了。这种累计购买、累计赔付的规则，让我们可以随着收入的增长不断增加保额。

除了理赔方法，“四大保险金刚”的理赔条件可以总结为 4 种：**身故赔偿、医疗赔偿、疾病赔偿、残疾赔偿。**

身故赔偿很好理解，医疗赔偿也不难懂，不管是意外还是患病，只要是门诊或者住院，都在医疗赔偿的范围内。疾病赔偿指的是重大疾病的赔偿，会相对复杂一些，可具体参考前文中关于重疾险的理赔介绍。残疾赔偿最易引发误解，误解的源头就在于我们没有意识到一个很严肃的问题：丧失 1 根手指和丧失 5 根手指，获得的赔偿是不一样的。

没错，保险公司是按照残疾程度来确定赔偿金额的。中国保险行业协会和中国法医学会在 2013 年联合发布了一份《人身保险伤残评定标准》，将人身保险的伤残等级由重到轻地分为 1 至 10 级。

意外险的产品介绍中通常会包含这种描述：意外身故 / 伤残 50 万元。它的意思是：如果意外身故，会赔付 50 万元，如果意外伤残，则不一定赔付 50 万元，要按照残疾程度来确定。

如果你发生车祸导致 4 根以上的肋骨骨折，将会拿到 5 万元赔偿款。4 根肋骨骨折属于 10 级伤残，程度最轻，如果未达到这个程度，就拿不到赔偿金。而最严重的 1 级伤残则指双侧眼球缺失、颅脑外伤致植物人等情况，确实非常严重。

申请理赔，需走哪几步

第一步是直接拨打保险公司的客服热线报案，越早越好。

对于意外等事故，保险公司通常会要求客户在 7 天或者 10 天之内报案，如果间隔时间过久，就很难判断客户申请理赔的事由和事故本身有没有关系。其目的主要是防止有人声称“我的心脏病是半个月前意外摔跤导致的”，对于这种情况，保险公司很难做出明确判断。

及早报案不仅是保险公司的要求，也是为了我们自己考虑。就重大疾病险而言，癌症、良性脑肿瘤等疾病确诊后应尽快提交理赔申请，越早拿到理赔款，家庭的经济负担就会越早得到缓解。

第二步是准备好必要的理赔材料。

在理赔过程中，不是你说什么保险公司就听什么。如果涉及疾病理赔，医院的诊断证明、病历、检查报告等都是必备材料；如果涉及身故理赔，需要提供的材料包括死亡证明、户口注销证明等。由于不同疾病需要的理赔材料不同，稳妥起见，请保留好所有的就医单据。

遇到纠纷，如何与监管部门取得联系？

广开言路、监督销售、规范产品，监管部门的这些良苦用心，不知你感受到了没有。

作为保险行业从业者，我其实非常理解消费者对于这个行业的误解甚至不满。

就拿销售误导这个问题来说吧，它普遍存在于各行各业。但保险有其独一无二的特点：要么投入大，要么预期高，要么二者兼有。实际结果和期望值之间的鸿沟，往往会引发消费者无法遏制的误解甚至愤怒。

解决负面情绪的最好方式就是疏导，对保险业来说这个方法尤为重要。否则，它会影响行业的形象和发展，乃至社会的和谐稳定。

这两年，P2P 跑路、非法集资等案件引发了不少群体性事件。抛开这些违法违规的金融案件不谈，即使在银行、保险、证券等领域，兑付、收益不达标等问题导致群情激愤的事件也不少。

所以，最好的方法就是广开言路，有话好好说。正所谓宜疏不宜堵，如果有不满和怨言，通过合理的渠道解决，才是应有之义，非理性行为无助于事情的解决。

接下来我会告诉你，如果真的遇到了与保险相关的纠纷和争端，你可以做些什么来维护自己的权益。

哪些问题经常被投诉

消费者投诉什么，在很大程度上取决于他买的是哪类保险。比如，人身保险和财产保险主要涉及的投诉问题有所不同。

财产保险的问题多和理赔有关。相较人身保险，财产保险更易于理解，车险和车有关，家财险和房屋有关，购买流程也相对简单。但在理赔的时候，由于服务不到位和规则不清晰，比较容易引发投诉。其中以车险理赔纠纷为主，毕竟在中国财产保险市场上，每 10 元保费中就有 7 元买的是车险。这些纠纷包括：到底谁的责任大（定损与核赔阶段的责任认定争议），理赔流程烦琐及理赔款到账慢（理赔时效争议），理赔金额方面双方无法达成一致，拒赔理由不合理等。

人身保险的问题则主要和销售有关。不管是保障还是理财，人身保险产品本身比较复杂，产品在期限、责任、价格等方面的区别很大，所以出现消费误导现象的概率更高。

一半以上的关于人身保险的投诉都属于销售纠纷，主要涉及分红险和普通寿险，要么是夸大保险责任或收益（比如承诺年化收益率为 5%，实际只有 1%），要么是隐瞒缴费期限和退保损失等合同重要内容（比如明明 5 年后才能领取，业务员却谎称 1 年后即可领取），要么是其他不实宣传，还有营销扰民，尤其是电话销售。

投诉保险公司的具体方式

当你对银行的服务态度不满意，或者在证券营业部某销售人员的误导下买股票发生亏损时，除了通过他们公司的客服热线大骂一通之外，似乎也没什么别的办法。但保险就不一样了。2012 年 4 月，保监会的 12378 保险消费者投诉维权热线正式开通。这可是保监会在金融监管系统里的首创。我们应该为此给保监会点个“赞”。

2012—2017 年，12378 热线接听的转人工呼叫电话多达 210 万个，平均每天的工作量不亚于一家大公司的客服中心。但电话投诉有个小问题，就是人们情绪一激动，就很难把事情说清楚。所以当涉及工作等严肃事项时，我们更习惯通过邮件来沟通，把前因后果、相关文件一次性交代清楚。

还有第二种投诉方式，即通过保监会的官网进行投诉。虽然现在银监会和保监会已经合并，但截至本书定稿（2018 年 6 月），保监会的官网依然在正常运行，这意味着你仍可以通过保监会的官方网站投诉。

保监会官网上的投诉入口有点儿不好找。你需要先点击菜单栏右侧的“互动交流”，选择第一项“保险消费投诉”。点击之后，会被要求实名注册，注册完毕才能提交投诉。

提交投诉时，有两个重要的细节需要注意。一是要选择问题涉及保险公司所在地的保监局，因为真正处理纠纷的是保监会各地的分支机构。二是要准确填写你的地址。

问题提交后，只要不是无理取闹和过分要求，几乎所有的投诉都会得到受理。

投诉被受理的若干个工作日后，保险公司一定会主动联系你，详细了解你的问题和诉求。不仅如此，监管部门还会通过挂号信等方式，告知你投诉处理情况。

减少投诉，政府一直在努力

查阅近几年的数据你会发现，消费者对保险公司的投诉数量越来越少。这是因为在减少投诉量、提升消费者满意度方面，政府部门做了很大的努力。

比如，为解决投诉频发的销售误导问题，监管部门于 2017 年启动了“双录”工作。所谓“双录”，指保险公司、保险中介机构通过录音录像等技术手段，记录和保存保险销售过程的关键环节。也就是说，在交易的过程中，业务员和客户之间的对话和行为都会被记录下来，作为影像资料留待今后查证使用。

仔细想想，“双录”的作用，不仅在于约束保险业务员的言行。消费者在购买保险过程中的一言一行也会被记录下来。比如在健康告知环节，业务员有义务向客户询问家族病史、住院情况等问题。有了“双录”，业务员是否按规定问询，客户是否如实回答，都可以在音频和视频中找到答案。

在很多理赔纠纷中，客户声称自己明明告知了某项疾病，但业务员却认为没有关系，无须告知。真相到底是什么，很难查证。有了“双录”，这类问题就可能得到解决。

目前，由于对技术手段要求比较高（如为每位销售人员配备录像、录音设备），“双录”尚未全面实施，只在两种情况下应用。一是在银行，由于银行设立了销售专区，并装配电子系统，对自有理财产品及代销产品的销售过程同步进行录音、录像，很容易实现。二是向60岁以上的客户销售长期保险时必须“双录”，不分渠道、全国统一。老年人判断能力不足，这样做是为了维护他们的合法权益。

除了销售，监管部门还要密切关注保险产品。如果产品设计有误，或者条款规定不合理，也会为日后的纠纷埋下隐患。以涉及理赔的投诉为例，有些身故责任的理赔，保险公司除要求客户提供死亡证明和户籍注销证明外，还要求提供被保险人的火化证明和丧葬证明，这明显属于“理赔资料要求不合理”的问题，监管部门会就此类问题定期发布文件强制整改。

广开言路、监督销售、规范产品，监管部门的这些良苦用心，不知你感受到了没有。

关乎一生的“基础设施建设”

当中信出版社的编辑找到我，约我写一本关于保险的科普图书时，我第一时间想到的是下面这些内容：

保险是什么？重疾险是什么？年金险是什么？万能险是什么？寿险是什么？……

网上做保险科普的公众号有不少，有的内容艰深晦涩，甚至东拼西凑，只是把创作当成一份差事。这种方式的问题是：作者习惯于把读者当成保险专家，似乎读者理应对保险的术语非常了解。这种“科普”的本质，就是用几个看不懂的词，去解释另外几个看不懂的词。

要跳出惯性思维，化繁为简地科普保险知识，真的很难。

这种难还体现在，我很难同时“讨好”精算师、业务员、消费者（读者）三个群体。精算师注重数据和论述的严谨性，讲解一个小小的术语，往往要铺陈大段前置条件和假设描述，没有几百字下不来。这种文章或书籍过于枯燥、专业，读者肯定没兴趣阅读。但如果我摒弃教科书式的叙述方法，以社会现象、消费者需求、个人经验为重点讲述保险时，又很容易被精算师找出“瑕疵”。

不过，精算师和消费者之间的矛盾只涉及表达方式，这不算什么大事儿。但对业务员来说，说什么、不说什么，引发的争议可能就没那么简单了。保险行业有很多“趣事”，同行相轻是其中之一。早些年内地保险公司数量较少，而现在仅寿险公司就有 80 多家，争论便无休无止了。最近几年，随着香港保险的加入，这场“辩论赛”变得更加热闹。

本书中的保险产品分析和介绍，必然对消费者的行为产生引导作用，即买什么和不买什么。对于精算师、业务员、消费者我无法兼顾，只能三者选其一：为消费者（读者）代言。我发现，其实消费者对保险的诉求非常简单，就是买到自己真正需要的保险。

保险产品的复杂性、销售流程中的不合理现象等因素共同筑起了一堵高墙，隔开了消费者和保险从业者。值得欣喜的是，越来越多的人开始对这堵墙敲敲打打，让它透点儿光、进点儿风，让墙壁另一侧的保险世界显得不那么冷冰无趣。

作为一名互联网保险从业者，我想为这个行业多说两句。

对于保险来说，互联网到底意味着什么，又应该发挥什么作用？对于这些问题，保险行业有两种截然不同的声音。一个是坚定的支持派，他们认为互联网必将颠覆传统保险行业，代理人模式可能会彻底消失；另一个是坚定的反对派，他们认为互联网只是一种工具，传统的保险销售模式完全不会改变。

当然，消费者无须参与这场争论。对保险业来说，互联网至少能发挥的价值是：尽可能地消除信息不对称。在没有互联网的时代，消费者只能通过业务员获取保险产品信息。这种信息获取方式，本身就是一个问题。

我上大学时修读过传播学理论，我对其中的一个专有名词印象深刻：信源，即信息的来源。

如果信源单一，受众就会很难识别信号和噪声，也就无法分辨信源的真实性和可靠性。这意味着你的关于保险的一切认知都依赖于独立个体的信息输出，而这不符合理性决策的逻辑。即使这个人是你的亲人、朋友，也不意味着他的信息百分百正确、有效。信源的单一性，必然伴随着很高的沟通成本。对保险一无所知的你，和业务员聊上两个小时是非常正常的。但问题在于，你并没有那么多的“两个小时”。所以当你想再次寻找信源时，很可能会因为时间成本而选择放弃购买保险。这正是互联网存在的价值，它赋予我们更高效地获取信息的权利。

所以请记住，互联网的出现不一定会改变你购买保险的方式——你既可以选择网上投保，也可以选择通过业务员购买。但它一定会改变你对保险的认知和决策流程。只有当你充分利用互联网，把“了解保险知识”纳入保险规划的首要环节时，才可以负责任地说：我十分用心地做了保险规划。

工作以来，我一直不断地宣传和普及科学保险理念。但说实话，如果一份工作做久了，即使再热爱它，你也可能在某个时刻感到疲惫。

某天晚上加班，关掉电脑上的几个文档后，我一边靠在椅子上休息，一边忍不住思索：到底什么样的工作才称得上好工作？什么样的工作才称得上有意义？

我年少时的梦想是成为小说家。十几岁的男孩被新概念作文竞赛搅得心潮澎湃，枕边都是像《在细雨中呼喊》《马桥辞典》这类先锋文学。后来，我一个新闻专业出身的人从事的却是“卖保险”的工作。

既然此刻的我认为当下的这份工作谈不上有意义，不妨摆脱现实主义的枷锁，去看看理想的工作到底是什么样子。仰望星空的天文学家，从事的应该算得上是有意义的工作吧。于是我坐起身，打开浏览器，搜索 NASA（美国国家航空航天局）官网，想看看这家机构到底需要什么样的人“仰望星空”，像我这种“卖保险”的人能不能胜任。

招聘板块被放在 NASA 官网非常显著的位置上。在这里，你可以提交求职申请，阅读岗位需求，了解薪酬福利。让我颇感意外的是，在薪酬福利一栏里，首先映入我眼帘的就是“健康与保险”，在它之下，才是薪酬与奖励、职业与发展、家庭与生活。

关于健康与保险，NASA 的描述是：

> 作为 NASA 的成员，你将享有健康医疗保险计划（包含牙科和眼科治疗）和寿险计划，保险计划的账户可灵活配置，保费由个人与政府共担。
>
> NASA 的员工福利协会也会提供高性价比的员工保险计划，当然，这份额外计划完全基于自愿。

我本想在加班间隙放松一下，却在貌似和保险行业八竿子打不着的 NASA 官网上看到了与保险相关的信息。在仰望星空的人眼中，合理、充分的保险规划，可能真的和天空一样重要。

再读一遍 NASA 官网上关于员工保险的描述，你应该会发现这些内容正是我在本书里介绍过的。比如，疾病和身故是一个人面临的最大风险，健康医疗计划和寿险计划就是应对这两大风险的。再比如，团体保险相当重要，对在公司和机构供职的人而言，团体保险是最重要的员工福利，堪比工资。又比如，保险可以通过包含更多的责任来实现升级。

牙科和眼科是高端医疗险的常见责任，也是企业和机构善待员工的最好证明。

今天我和同行在奔走传播的知识，在许多国家已成为常识。夸张一点儿说，保险就是生活里的水和空气，它无处不在，却无从感知。与构思雄壮的宏伟蓝图相比，变成水和空气才是保险最大的价值和使命。

当保险成为水和空气时，你就可以忽视它的存在，更不需要操心该怎么买保险，你只需要知道如果自己不幸身故，家人可以获得足够的经济保障；如果不幸罹患癌症，家庭的收入不会中断，房贷依然还得起，孩子的生活费不会无着无落。

你觉得这是乌托邦吗？真的不是。一个二十岁出头、身体健康状况良好的年轻人，一年只要交三四千元保费，就可以无比接近这个乌托邦。

如果说政府层面的社会医疗保险是属于一个国家的理想主义，那么商业保险则是属于一个阶层的理想主义。这个阶层的进入门槛不高，在今天的中国，只要你进入城市，从事一份体面的工作，就能成为这个阶层的一员。

最后，我必须强调，本书旨在普及保险知识，推广保障理念。考虑到行业监管政策和市场的动态变化，相关规则的变更时有发生。因此，在本书定稿后，书中极少数表述可能“过时”或不准确，但这并不影响我们对相关基础知识的理解。如有问题，欢迎大家通过公众号“槽叔”与我讨论。

关于本书的写作和出版，我要感谢我的妻子，她一直十分认同我在保险科普领域的尝试和努力。本书部分章节的思路和框架，得益于她的珍贵灵感。感谢我的两位母亲，没有她们的帮助，我们的小家就不会有安稳的日子，我和妻子也无法专注地工作。感谢我的女儿，她在我写作本书的过程中实现了睡整觉的重大进步，为我每夜的挑灯奋战和充足睡眠创造了必要条件。感谢中信出版社的苏扬、韩琨、刘小鸥三位编辑，本书从 0 到 1，有赖于她们的专业和付出。感谢我的校友杜强、张天宁，他们在本书的策划和撰写过程中，提供了宝贵的意见和建议。

这本写给每个普通人的保险指南，希望能对你有所帮助。

附 录

重疾险核保规则自查指南

保险不是想买就能买的，尤其是包含疾病和身故责任在内的产品，对罹患某些疾病（比如癌症、二级以上高血压、肝硬化、帕金森病等）的人来说，是无法从保险公司获得的。

除了直接被拒保的疾病，还有不少疾病“可以商量一下”，即视疾病严重程度，可以选择增加保费或者除外责任。

这里我以重大疾病险为例，列举了几个常见的疾病，大家可以进行对照，初步判断自己是否可以顺利投保。

由于疾病核保是一项比较复杂的工作，细微的差别就有可能带来不同的结果，所以以下所列的疾病对应的核保结果，只是一个大概的参考。我们在投保时应当秉承严谨的态度，一事一议。

脑部自查

脑出血、脑梗死、脑血栓、脑炎，如果患有这些疾病则无法投保重疾险。

抑郁症、焦虑症、精神分裂症、自闭症要视轻重程度而定。既可能是标准体，也可能需要增加保费，也可能被拒保。

五官自查

青光眼、白内障和视神经病变等眼部疾病，投保重疾险时保险公司通常会除外失明责任。超过 1 000 度近视，也可能被除外失明责任。

结节与肿瘤自查

甲状腺结节，如近期检查显示结节情况不错（尺寸和性状符合要求），投保重疾险会被除外甲状腺癌责任，如果结节情况糟糕，则直接被拒保。

呼吸系统自查

对慢性支气管炎患者来说，只要不是肺气肿、慢性阻塞性肺疾病，通常都可以投保，但会被要求增加保费。

对哮喘患者而言，只要不是重度哮喘且近两年没有哮喘症状，就可以按标准体投保。

对肺部结节和未痊愈的肺结核患者，保险公司会直接拒保。

消化系统自查

对常见的乙肝患者来说，可区分为以下几种情况。

慢性乙肝患者无法投保。与之相比，甲肝和戊肝患者只要治疗痊愈，都可以正常投保。

如果不是慢性乙肝患者，只是乙肝病毒携带者如诊断结果为“小三阳”或“大三阳”，则需要根据肝功能检测结果，可能有增加保费或者被拒保两种结果。

脂肪肝是另外一种常见肝部问题，而且是中年职场人的常见病，只要你的肝功能检测值不超过正常值的 1.5 倍，都可以按标准体投保，若大于这个标准，保险公司则会增加保费或拒保。而对酒精性脂肪肝和重度脂肪肝患者而言，保险公司会直接拒保。

说完肝部，接下来是胃部的问题。如果你的检查结果中幽门螺旋杆菌呈阳性，则需要增加保费。慢性胃炎和萎缩性胃炎患者无法购买重疾险。

内分泌系统自查

糖尿病患者无法投保重疾险。肾功能异常且尿蛋白 + 及以上或者尿潜血 ++ 及以上的患者，也无法投保重疾险。

血液问题自查

高血压如今非常普遍，患者能否投保重疾险，取决于舒张压和收缩压的具体情况，面临的结果是增加保费或者被拒保。

冠心病、心绞痛、心肌梗死、心肌病、肺动脉高压患者都无法购买保险。

血脂问题主要看胆固醇值，可能按标准体投保，可能增加保费，也可能被拒保。

女性病自查

乳腺结节的问题，要看超声波检查结果。在好的情况下，乳腺癌责任除外即可，检查结果糟糕的话则无法购买保险。

在卵巢囊肿和子宫肌瘤方面，如果做过手术，只要是良性的就没问题；如果没做过手术，则要结合超声报告里囊肿和肌瘤的各项指标来看，有可能按照标准体投保。

家族病史自查

此种情况适用于父母一方在 40 岁以前罹患某些疾病，比如直肠癌、卵巢癌、乳腺癌等，需自查的病种不算多，但要看产品的具体要求。

企业团体保险自查问题清单

1. 我们公司有没有给员工购买团体商业保险？

有 □

无 □

2. 具体包含哪些产品？（多选）

医疗保险 □

重大疾病险 □

定期寿险 □

意外险 □

其他 □

3. 这些产品分别包含哪些责任？

门诊报销吗？____________

住院报销吗？____________

重大疾病保额：____________

身故保额：____________

其他：____________

4. 门诊、住院费用报销的流程是什么？

需要哪些资料：____________

其他报销要求：____________

5. 我的家属是否也能享受这项福利？ 是□ 否□

6. 保险计划会随着职位的晋升而改变吗？ 是□ 否□

7. 我可以自费提升保障额度和范围吗？ 是□ 否□

如何判断保险业务员的专业性

客观中立地说，在多达几百万的保险销售人员中，水平各有高低、专业性各有强弱，这也是非常正常的现象。而保险销售实际上是一份包含金融、法律、医学等领域基础知识的职业，对从业者的要求不可谓不高。

以下是一些评价保险销售业务员专业程度的问题，可在一定程度上帮助你判断。

1. 是否预先了解、分析保障需求后才介绍产品？

是（加 1 分）　　否（减 1 分）

2. 对于涉及疾病、身故责任的保障类产品，是否主动询问被保险人的健康情况，并强调不如实告知的后果？

是（加 1 分）　　否（减 2 分）

3. 是否可以独自或寻求核保专家意见后给出初步核保结论[①]？

是（加 1 分）　　否（不加不减）

4. 是否有通过多次沟通与求证，帮助客户以标准体（或次标准体）成功投保的经历？

是（加 2 分）　　否（不加不减）

---

① 初步核保结论，指根据健康情况给出核保意见，且购买其他保险不受此核保结果影响。

5. 是否详细解释保单的每项责任，甚至参照保险条款耐心讲解？

是（加 2 分）　　否（减 1 分）

6. 是否主动介绍理赔流程和方法？

是（加 1 分）　　否（不加不减）

7. 除了自己公司的产品，是否了解其他公司的同类产品？

是（加 2 分）　　否（不加不减）

8. 是否频繁给予同类公司或产品负面评价甚至进行诋毁？

是（减 1 分）　　否（不加不减）

9. 是否承诺返还部分保费，以敦促客户成交？

是（减 2 分）　　否（不加不减）

10. 是否在朋友圈宣传虚假、夸张保险营销信息（比如炒作产品停售）？

是（减 1 分）　　否（不加不减）

11. 是否有保险公司永不倒闭等错误言论？

是（减 1 分）　　否（不加不减）

12. 是否频繁通过微信、短信邀请客户参加各种形式的“答谢会”？

是（减 1 分）　　否（不加不减）

如果你接触的业务员的分数为负，请换一位业务员咨询吧。

香港保险“体检单”

当你选择投保香港保险时，关于保险业务员的评分表可以直接使用。除此之外，香港保险还应经受更全面的“体检”。

以下是一份问题清单，你可以自己找答案，也可以直接向香港的保险业务员提问。与内地一样，香港保险市场上的产品也有优劣之分。答完这份问卷，好产品会堂堂正正地站出来，坏产品也会原形毕露。

问题一：香港保险比内地保险更便宜吗？

问题拆分：

这里说的香港保险指的是哪种保险，定期寿险、重疾险、意外险、医疗险？

内地有 80 多家寿险公司，这里说的便宜是和哪家内地寿险公司比，还是和所有的比？

如果你的意思是，和 A 公司的产品相比香港保险更便宜，那么为什么要和 A 公司比，而不和 B 公司、C 公司或其他公司比？

你推荐的这家香港保险公司的产品，与其他香港保险公司的产品相比，前者更便宜吗？

这里的“便宜”到底怎么理解？标准是什么？

问题二：香港保险比内地保险更容易理赔吗？

问题拆分：

这里说的香港保险指的是哪种保险，定期寿险、重疾险、意外险、医疗险？

内地有 80 多家寿险公司，这里说的“更容易”，是和哪家内地寿险公司比，还是和所有的比？

如果是和 A 公司的产品比，为什么要和 A 公司比，不和 B 公司比？

你推荐的这家香港保险公司的产品，和其他香港保险公司的产品比起来，是不是更容易理赔？

香港重疾险对重大疾病的定义和内地相比，有什么区别？

能否具体分析一下 25 种常见重大疾病的区别？

能否通过上述疾病的定义区别，判断出不同病种理赔的宽松程度？

考虑到内地和香港都发生过拒赔的案例，能否各举一个例子，并说明该案例中拒绝赔付的原因。

问题三：香港保险的投资收益是不是更高？

问题拆分：

重疾险是不是都可以分红？分红一定能拿到吗？

你推荐的这家公司的历史分红情况如何？

香港保险监管部门要求强制披露分红情况，可否帮我在该保险公司的官网上查阅一下其历史分红记录？

如何解读历史分红数据？

内地的重疾险可以分红吗？如果不可以，为什么？

其他问题：

如果长期在内地居住，香港所有类型的保险都适合购买吗？

如果未来限制换汇，有哪些可供参考的解决方案？

有没有香港有而内地没有的重疾险类型，为什么？有没有内地有而香港没有的重疾险类型，为什么？

如何计算内部收益率

我们在正文聊到了内部收益率（IRR）这一重要概念，现在就用一个具体案例说明，到底如何使用常用办公软件 Excel 计算 IRR，评估产品价值。

假设你打算购买一款名为“槽叔人寿少儿教育金”的产品。产品特点是，从孩子 1 岁开始连续 10 年每年交纳 1 500 元保费。购买这款产品你可以获得的权益是：

孩子 6 岁、12 岁、18 岁时各领取 5 000 元年金；

孩子 13 岁到 17 岁期间，每年领取 1 000 元年金，共 5 年。

为计算这笔年金的内部收益率，我们首先需要建立一张 Excel 表格，如表附 -1 所示。

表附 -1　内部收益率计算示例

孩子年龄	投入金额（元）	领取金额（元）	差额（元）
1 岁	−1 500	0	−1 500
2 岁	−1 500	0	−1 500
3 岁	−1 500	0	−1 500
4 岁	−1 500	0	−1 500
5 岁	−1 500	0	−1 500
6 岁	−1 500	5 000	3 500

（续表）

孩子年龄	投入金额（元）	领取金额（元）	差额（元）
7岁	−1 500	0	−1 500
8岁	−1 500	0	−1 500
9岁	−1 500	0	−1 500
10岁	−1 500	0	−1 500
11岁	0	0	0
12岁	0	5 000	5 000
13岁	0	1 000	1 000
14岁	0	1 000	1 000
15岁	0	1 000	1 000
16岁	0	1 000	1 000
17岁	0	1 000	1 000
18岁	0	5 000	5 000
内部收益率	4.20%		

“投入金额”列，指你交了多少保费，也就是连续交费10年，每年1 500元，用负号表示。

“领取金额”列，指你领取了多少年金，也就是孩子6岁时以及12岁至18岁期间，你每年领取的年金。

“差额”列，指投入金额和领取金额的差值，本质上可视为当年的现金流情况。

最后，找一个空白格，使用Excel自带的IRR公式，选中“差额”这一列的所有数字，就能得出内部收益率了。

管理清单

生效日	年缴费金额（元）	缴费年限	保障责任	保险合同号	保单情况
		20	重疾 / 身故		纸质保单
		20	重疾		电子保单
		1	住院医疗		电子保单
		20	身故 / 全残		纸质保单
		20	身故 / 全残		电子保单
		1	意外身故 / 伤残 / 医疗		电子保单
		20	重疾 / 身故		纸质保单
		1	意外身故 / 伤残 / 医疗		电子保单
		10	身故 / 全残		纸质保单
		1	住院医疗		电子保单
		1	住院医疗 / 门诊医疗		电子保单
		20	重疾 / 身故		纸质保单
		20	重疾		纸质保单
		1	意外身故 / 伤残 / 医疗		电子保单
		1	住院医疗		电子保单
		1	住院医疗 / 门诊医疗		电子保单
		20	重疾（限癌症）		纸质保单
		1	医疗		电子保单
		1	意外身故 / 伤残 / 医疗		电子保单

扫描二维码，下载电子版表格

（全书插画：王爽）

家庭成员	保险类别	产品名称	保险公司	投保人	保额（万元）	保障期限
丈夫	重疾险			丈夫	50	长期（终身）
	重疾险				50	长期（至70岁）
	医疗险				300	一年期
	定期寿险				100	长期（至60岁）
	定期寿险				150	长期（至60岁）
	意外险				100/5	一年期
妻子	重疾险			妻子	50	长期（终身）
	意外险				100/5	一年期
	定期寿险				150	长期（至60岁）
	医疗险				300	一年期
	高端医疗险				1 000	一年期
儿子	重疾险			丈夫	50	终身
	重疾险				50	长期（至70岁）
	意外险				20/1	一年期
	医疗险				300	一年期
	高端医疗险				1 000	一年期
孩子姥爷	重疾险			妻子	10	长期（20年）
	医疗险				50	一年期
	意外险				10	一年期

注：意外险保额分为意外身故的保额及意外医疗的保额，在表中以“/”隔开表示。